HOW TO READ CINEMA

CRITICAL THEORY AND PRACTICE

ハリウッドと
ケンブリッジで学んだ、
映画のすばらしさを
知る方法

現代思想を使って映画批評！

鈴木 健
Takeshi Suzuki

小鳥遊書房

はじめに

Preface

この本は、まず最初に、一般の映画好きの人に、もっと楽しく、もっと深く、意外な映画の読み方を知りたいという理由で読んでいただくことを想定しています。全体的に平易な文体を心がけており、専門書ではなく一般書として書かれています。同時に、英文学科、映画学科、メディア学科、コミュニケーション学科の学生の教科書としても書かれています。これまで経験したのは、多くの学生が映画に興味を持っているにもかかわらず、批評でレポート、卒論、修士論文、博士論文を書こうとしても、「映画批評」の入門書がほとんど存在しませんでした。もちろん本書で紹介しているように、映画研究の入門書が批評理論や具体例を含む例はありました。それでも、膨大な文献が存在する文学批評と比べると、映画批評の入門書は日本語ではあまり存在しません。映画学科であれば映画研究は必須ですし、英文学科であれば文学批評は必須です。ところが、「映画批評」となると、映画学でも英文学でもニッチビジネス（隙間産業）のようになってしまって、カリキュラムを作る側に必要性が強く感じられなかったようです。日本全国に多くの映画好きの学生がいることを考えると、映画のすばらしさを知るための批評の入門書がないことは残念な話だと、ずっと感じていました。

映画批評を学ぶ理由には、大きく分けて三つあります。第一に、映画批評を学ぶことで、単に面白いとかつまらないという印象批評を越えて、その映画が持つ物語としての魅力を深く語れるようになります。第二に、難解といわれることも多い現代思想の理論も、自分が好きな映画に当てはめた批評を読んだり、書いたりすることで容易に理解できるようになります。最後に、その映画のテクストと歴史的、文化的コンテクストを知ることで、わたしたちが知っていたつもりだった歴史、伝統、さらに人種、偏見、権威、ジェンダーなど、抱える社会的問題を考える機会を持つことができます。実践例として、明治大学情報コミュニケーション学部の著者のゼミナールの学生によって書かれた「ディストピア映画のジャンル分析」と「ディズニープリンスのジェンダー批評」の卒論を修正した論文も実践編として掲載してあります。

本書を通じて、より多くの読者のみなさんの映画の見方が深まり、映画をさらに楽しめるようになるお手伝いができることを祈願しています。

二〇二四年九月一日

鈴木 健

目次　**Contents**

第一章

映画批評とは何か

What is Cinema Criticism?

◉なぜ映画に心惹かれるのか

なぜ、わたしたちは、映画に心惹かれるのでしょう。ひとつの答えは、魅力的な筋立てや扱われるテーマに心惹かれるからですし、別の答えは、主演俳優のファンだからです。また、ある答えは、原作小説や漫画のファンであるからかもしれません。ですが、それらは必ずしも年間を通じて数千万人、あるいは世界で数億人という映画ファンが劇場に通う理由の説明にはなっていません。問われているのは、なぜ「映画」というメディアが存在し、これまで発展し、数え切れないほどの映画ファンが笑い、涙を流し、感動し、ときに勇気づけられてきたのかという理由なのです。わたしたちが映画に心惹かれる理由とは、一言で言うならば、魅力的な映画が「対立（conflict）」に関わっているからです（たとえば Dick 2010 を参照）。

「対立」には、登場人物の性格の違い、目標の差異、関心の相違、個人的反目から、はては社会的対立や国家間の戦争まで、考え得る限りのありとあらゆるジレンマ（二律背反）が含まれます。対立を、現実に抱えたり直面したりしたときに、そうした状況にいっさい苦悩することなく、解決したいと望まない人などいないでしょう。しかしながら、解決の道筋に気が遠くなるような努力と困難をともなうとわかったときに、くじけそうになる人もまた多いでしょう。その意味で、映画とは人生や社会の縮図であり、わたしたちは映画を観ることで、自分自身をなぐさめたり、あるいは一次的な現実逃避をしたり、元気づけられたり、ときに進むべき道を見つけたりするのです。サスペンスを中心においた推理ドラマや人命が関わる医療ドラマはいうまでもなく、恋愛映画やホラー映画でさえ、なんらかの対立を含んでいるのです。

わたしたちが直面する対立を解消するには、「公的説得の技法（the art of public persuasion）」としてのレトリックが駆使されなくてはなりません（鈴木 2010）。古代ギリシャ哲学にルーツを持つレトリックによれば、わたしたちは、同時に二つの時間を生きています。まず最初が、クロノス（chronos）であり、これはすべての人に平等に過去から未来へ一定速度で流れる連続した時間軸を表現しています。もう一つの時間は、カイロス（kairos）と呼ばれ、これは神に与えられた瞬間や重大な転機を指しています。過去に対立や葛藤に悩んだ経験がない人などいないように、「もしも、あのときにこうしていれば……」と人生に後悔を抱えていない人はいないでしょう。カイロスが示唆するのは、「正しいタイミングで正しいことを言うこと（to say the right thing in the right moment）」の大切さであり、「時宜」「好機」という日本語にあたります（鈴木 2011, pp. 18-19 を参照）。たとえば、ある女性の目の前に、ダイヤモンドの指輪を持った男性とコップ一杯の水を持った別の男性がいて、両方が求愛したとします。通常ならば、ダイヤモンドの指輪を持った男性が選ばれるかもしれません。しかし、もしも女性が命からがら砂漠を横断したところであり、今にも脱水症状で死にかけていたとしたらどうでしょう。そんな状況であれば、実際の役にも立たないダイヤモンドより、コップ一杯の水を与えてくれる方を選ぶ可能性が高いのです。

カイロスは、英語のチャンス（chance）の語源となったギリシャ神話の幸運の神が具現化したものです。彼は、足が早く後頭部がハゲ上がっているために、つかまえようと思えば後ろから追いかけるのではなく前髪をつかまなくてはなりません。残念ながら、一度逃がしたチャンスがわたしたちの人生に同じ形で巡ってくることはありません。映画スタジオは、しばしば別名「夢工房（Dream Factory）」と呼ばれます。**映画は、わたしたちに神が与えた時間であるカイロスを目の前に、躊躇しながらも勇気ある決断をし、大きなチャレンジをする人々の物語を見せることで、「かなわなかった夢」を生きる時間、あるいは「見果てぬ夢」を追い求める勇気を与えてくれるのです。**言い換えれば、映画が提供してくれるのは、「現実にはそうでない自分（who we-are-not）」ではなくて、「まだそうではないが、なれるかもしれない自分（who-we-may-not-become-yet）」をわたしたち自身が見つけられる空間なのです（Goodnight, 2013; 鈴木 2024）。映画は、エンターテインメントという意味では無難であっても、同時に励まし勇気を与えてくれるという意味では挑発的なのです。

この観点からいえば、映画批評（Cinema Criticism）の目的とは、かなわなかった夢を代わってかなえてくれたり、見果てぬ夢を追い求めたりする物語を分析し、解釈することです。近年、欧米の大学では、映画批評はますます人気を集めています。この本ではわたしが二〇〇六年にハリウッドのフィールドワークをした南カリフォルニア大学アネンバーグコミュニケーション学部で客員教授と、二〇一八年にケンブリッジ大学映画映像研究所で客員研究員をした経験を基に映画批評のやり方と楽しさをみなさんにご紹介したいと思います。しかし、人口に膾炙している映画評論（Cinema Review）に比べると、映画批評という言葉はまだ一般になじみがありません。ここで、映画評論と映画批評の相違を示しておきましょう。

映画評論とは、基本的にロードショウ作品が対象で、読み手は映画好きの人々です。それに対し、映画批評は、「論議を巻き起こした問題作」、「社会的に重要な話題作」を選んで書かれるアカデミックな論考です。たとえば、全米コミュニケーション学会が発行する *Critical Studies in Media Commucation* には、『ファイト・クラブ』（1999）、『テルマ・アンド・ルイーズ』（1991）、『8マイル』（2002）などの映画批評が載ってきましたが、残念ながら日本ではそうした映画批評を載せる学術雑誌があまり存在していません。さらに、映画評論家は、雑誌や新聞の紹介コーナーに寄稿することで生計を立てていますが、映画批評家という職業は存在せず、大学の英文学科やコミュニケーション学科などに職を得た研究者が映画批評を書いている場合が多いようです。

本章では、最初に、「映画批評とは何か」を考えます。次に、「なぜ映画批評を学ぶのか」をあつかいます。これまでならば単なる娯楽とみなされることが多かった映画が、なぜ学問研究の対象となったのかという問いです。第三に、「どのように映画批評をおこなうのか」を示します。最後に、主要な映画批評の方法論を概説します。そこでは単に主要な批判的方法論を紹介するだけではなく、具体的な事例研究も示すことで、研究者や学生が映画批評で論文を書けるようになるためのガイドラインを示すことに加えて、一般読者が映画をこれまで以上に楽しめる視点を提供できると信じています。

◉映画研究の歴史

まず映画の歴史を振り返ってみます。世界初の映画上映用装置であるキネトスコープは、一八九一年にトーマス・エジソンによって発明されました。一八九三年、キネトスコープがシカゴ万博博覧会に出展され、一八九四年にニューヨークのブロードウェイに世界初の映画館が創設され、その後、アメリカ国中に映画館が作られました。映画の誕生は、一八九五年にフランスのリュミエール兄弟によって発明されたシネマトグラフがパリのグランカフェで有料公開されたときといわれています。一九世紀末に誕生した映画は、これまでさまざまな歴史的な発展段階を経てきました（たとえば、Dick 2010; Benshoff & Griffin 2009を参照）。初期段階では、写真技術が拡張されることによって、現実社会に存在するイメージを捉える形式が生み出されました。

二〇世紀に入るあたりから、映画は、リアリスティックとフォーマリスティックという二つの方向に分かれて発展していきます。アメリカの映画批評家ルイス・ジアネッティ（2003）は、語っています。

一八九〇年代中盤、フランスのリュミエール兄弟が日常の出来事を撮影した短編映画を作って大衆を楽しませていた。『列車の到着』などがまさにその代表例だ。それらの映画はなぜ人々を魅了したのか？　その理由は明らかだ。人々が日常生活で見聞してきたことが忠実に再現され、今再びそれらを再体験しているような錯覚を喜んだのだ。ほぼ同じ頃、ジョルジュ・メリエスが数多くの空想物語を制作していた。『月世界旅行』は、まさに奇抜な物語と特撮を織り交ぜたその典型である。リュミエール兄弟はリアリズム映画の伝統の祖であり、メリエスはフォーマリズム映画の伝統の祖であるといえよう。（p. 14）

もちろん、実際には、完全なリアリズム映画も完全なフォーマリズム映画も存在しません。なぜなら、リアリティ（現実味）は、リアリズムにもフォーマリズムにも存在しているからです。ジアネッティ（2003）は、続けて以下のように説明しています。

リアリスティック、フォーマリスティックいずれのスタイルをとる監督も、何の秩序もなく無造作に散乱している現実世界から一つの断片を切り取る選択をしなくてはならない（それこそ彼らの強調したいものなのだ）。リアリスティックな映画における選択の基準はそれほど明確ではない。つまり、リアリストたちは彼らの映画の世界は操作されておらず、現実世界を客観的に映し出した鏡であるという幻想を保持しようと努めるからだ。一方、フォーマリストたちはそのような見せ掛けを良しとしない。彼らは故意に現実世界における生の素材を様式化し歪める。

(p. 16)

極端なリアリスト映画は、ドキュメンタリー作品に向かう傾向があり、極端なフォーマリスト映画は、アヴァンギャルド（前衛芸術）映画に向かう傾向があります。しかしながら、ほとんどのフィクション映画は、リアリズムとフォーマリズムという両極端の中間に属していて、批評家は、ときに、そうした映画を「古典映画（classical cinema）」と位置づけています（たとえば、ジアネッティ 2003 を参照）。

映画の世界には、その後、ストーリー映画の誕生と第一次世界大戦前後のマスエンターテインメント業界の隆盛が起こりました。また、第二次世界大戦時代にはトーキー化とカラー化の時代が到来します。この段階で、少数メジャー製作会社と配給会社が市場を独占するスタジオ・システムの終焉と一九六〇年代のテレビの登場がありました。さらに、二〇世紀終盤には、実写作品とアニメの両分野でテレビ作品と映画のコラボレーションや、テレビ作品のＤＶＤ化と海外への輸出が当たり前となり、映像エンターテイメントは今や国内だけでなくグローバル市場でも拡大の一途をたどっています。

歴史的に見た場合、映画研究には、以下のような三つのアプローチがあります（たとえば、Bywater & Sobchack 1989; 村山 2003 を参照）。最初が、映画史からの映画研究で、次が、芸術としての映画と映画産業の文化的地位の研究で、最後が、映画技術と経済的見地からの分析です。事実は、総合的にまとめられてこそ、初めて解釈を加えることができます。そのために、映画史研究には、映画産業に関わる人々のオーラル・ヒストリーの収集、書籍、新聞、個人的な収集品、保管されている資料の発見、内容が相互に矛盾する情報を収集、整理、確認するなど気の遠くなるような作業が含まれます。過去の研究で、映画史家のほとんどは、解釈者というより記録者でした。そうした初期映画史家には、『劇場の科学』（*The Theater of Science* 日本語版未訳）の著者ロバート・グラウ（Grau, 1914）、『百万一夜　1925年までの活動写真の歴史』の著者テリー・ラムゼイ（Ramsaye 1931）、『アメリカ映画の勃興』の著者ルイス・ジェイコブス（Jacobs 1939）等がいました。

現代の映画史家は、より直接的に事実を解釈し、いつ何が起こったかだけではなく、それがなぜ起こったのかと、そのイベントの重要性までも探るようになってきています。しかしながら、映画が学問的研究分野として確立するには、一九六〇年代まで待たねばなりませんでした。かつては、過去の「最上質で最高級の芸術的な成果の例」だけを保存して提示することを自分の役割と考えていた文化研究家が多かったからです。たとえば、モラル重視の映画評論家ジョン・サイモンは、実際の伝説的な犯罪者カップルのボニー・アンド・クライドをモデルにした『俺たちに明日はない』（1967）を、以下のように批判しています。

……すべてが注意深く、化粧されて、櫛でとかれ、マニキュアを施された死体のようなやり方で悪臭を放っている。犯罪には楽しい面もあるのかもしれないが、しかしながら、ここには長時間にわたって楽しい面しか描かれていない。そこには大笑いから大殺戮へと転換することで、警告無しに、安易なショックの効果が不真面目に追加されている。楽しみとしての殺人と血なまぐさい芝居としての殺人の間に、ほとんど選択の余地はない。……演技はよいのだが、銀のスプーンでお給仕されたとしても、汚水は汚水にすぎないのである。（筆者訳：Simon 1971, pp. 168-169）

ここでは、アウトローを描いた映画作品にエンターテインメント形式としてどのような解釈が可能かというよりは、社会規範や道徳的基準に照らして、どのように見るべきかという視点に立った評論がなされています。しかしながら、二〇世紀に入ると、評論家のなかから、生き生きと力強く口語体で良質の評論を書く人々が出てきます。そのうちの一人が、一九六〇年半ばから『ニューヨーカー』に映画評論を書いてきたポーリン・ケイルです。彼女は、よい映画批評を以下のように説明しています。

批評家の役割とは、作品中に何があるのか、何が中にあるべきか、ありえたかもしれないが存在しないものを理解する手助けをすることである。もしも人々が自分自身で観る以上のものを理解する手助けができたなら、それはりっぱな批評家である。もしも批評家の作品に対する理解と感情が、情熱によって、そこにある芸術を越えて、つかまえられるのを待ち望んでいるものを経験しようと人々を興奮させられるのなら、それは偉大な批評家である。
（筆者訳：Kael 1964, pp. 277-278）

ケイルは、百科事典並の知識を持っていたにもかかわらず、衒学趣味的になることを避けました。映画は、大衆のための媒体であり、そのように分析されるべきだと信じていたからです。彼女は、きどった言い方である「フィルム批評家」と呼ばれるのを嫌って、「ムービー批評家」という呼ばれ方を好みました。こうした映画評論の変化の背景には、二〇世紀中盤に入って、文化を高尚なものに限定する考え方が徐々に変化していったことがあります。もっともよく知られた教養としての「文化」の範疇とは、レイモンド・ウィリアムズ（Williams 1983）の以下の三つの定義でしょう。第一の定義では、文化とは、ある絶対的・普遍的な価値観における完璧な人を目指すプロセスで、目指すべき「理想」を指しています。こうした定義の役割は、永久の秩序を構成する価値観がわたしたちの生活や作品にどのように体現されているかを発見し、描写することです。第二の文化の定義は、文化とは、「ドキュメンタリー」な記録であり、歴史の研鑽を経て生き残ったテクストの活動を指しています。この定義では、文化は、知的、創造的な仕事の総体で、人の思考と体験がさまざまな形で記録されたものです。第三の定義は、文化とは、社会的なもので、「ある特定の生活様式（a particular way of life）」としての尺度を通じた批判的な読み解きと考えられています。

こうした文化の定義の変化と映画批評の関係について、アメリカの映画研究者ティム・バイウォーターとトーマス・

ソブチャック（Bywater & Sobchack 1989）は、現代では、「文化を、もはや単なる教育や娯楽目的のために社会的エリートによって選別された事象の総体と定義することはできず、ある時代と場所における人々の価値観と態度を代表する生活のあらゆる側面を含むようになってきている」（筆者訳：p. 140）と指摘しています。つまり、文化が、前述した「最上質で最高級の芸術的な成果の例」という上位文化に限定されるべきではなくて、まさに社会的エリートによって批判されてきた下位文化や大衆文化が、差別、偏見、権威、体制に対する問題提起や抵抗をおこなってきた「闘争の場（a site of struggle）」として、どのように機能してきたのかの研究が求められるようになってきているのです。映画は、それ自体が超越的表象として、どのように下位文化が上位文化に対して挑戦するのかを描くだけではなくて、批評家が、独自の解釈の形でその歴史的・文化的・社会的重要性を提示できるようになってきているのです。

◉映画批評とは何か

かつて、映画は単なる娯楽とみなされていて、ときには「階級、ジェンダー、人種の伝統的な概念に対する脅威」（Furstenau 2010, p.3）とみなされることさえありました。しかし、八〇年代以降のカルチュラル・スタディーズの隆盛もあって、もはや伝統的な文化や社会概念を批判的に読み解く必要性に異議を唱える者は少ないでしょう（たとえば、Storey 2018; 上野 & 毛利 2000 を参照）。実際のところ、近年のメディア研究の高まりによって、映画批評を学ぶ重要性はますます高まってきています（たとえば、石原 2001 を参照）。**「批評とは、作品あるいは製作者の表面的意味と意図の特徴を超えた発見と解釈をおこなう試みである」**（Prince 2010, p. 387）ために、映画批評を学ぶさまざまな理由があります。たとえば、わたしたちは、映画批評を通じて過去や現代社会における生産と再生産諸手段、実践やイデオロギー的価値観の促進を分析したり、どのように物語がわたしたちの人種、階級、ジェンダーの理解に関わり、社会構造に影響を与えているかを分析したりできます。一九二九年に始まった世界大恐慌を見たチャールズ・チャップリンが制作して、一九三六年に公開された『モダン・タイムス』は資本主義批判の物語として読み解くことができますし、一九三〇年代のヒットラー率いるナチス勃興に危機を感じたチャップリンが一九四〇年に公開した『独裁者』はファシズム批判の物語としても読み解くことができるのです。

映画批評の方法論は、主なものだけでも、構造主義、記号論、社会批評、精神分析、神話分析、ジャンル分析、物語論、イデオロギー分析、ジェンダー批評があり、百花繚乱の様相を呈しています。こうした方法論は、映画という複雑に編まれたテクストを読み解くことで、わたしたちに自分自身と社会に対する理解を深めたり、変革の契機を与えたりしてくれるはずなのです。

第二章

なぜ映画批評をするのか

Why We Study Cinema Criticism

◉映画批評の目的

映画批評は、現代文化やメディア・コミュニケーションを学ぼうとする人々にとって魅力的な学問分野です。すでに触れたように、映画がわたしたちに提供してくれるのは、「現実にはそうでない自分」ではなく、「まだそうではないが、なれるかもしれない自分」を見つけられる空間です。映画を単なるエンターテインメントと考えていれば安全ですが、映画がわたしたちを励まし勇気を与えてくれるという意味においては挑発的です。フィクションは、現実から区別された世界を伝えてくれます。それを現実逃避と否定的にとらえるのでなく、人生がドラマタイズされ、固定観念の外部にある「現実に取って代わる世界」を作り出せると肯定的にとらえるべきなのです。映画批評を学ぶことで、そうした視点がどのように構築されていくかを知ることができるのです。たとえば、「努力は報われる」とはよく聞くことばですが、世の中は報われない努力であふれているし、「神様は見ている」もよく耳にすることばです。わたしたちは、「この世には神も仏もないものか」とついつぶやきたくなる状況に、しばしば現実で直面します。同時に、シンデレラ物語のような現実離れした映画に夢中になったり、アメリカン・ドリームを達成したヒーローたちに基づく映画を観て励まされたりすることがあるのも、また事実です。映画は、現実を描きながらも、現実には見えない可能性を示す潜在能力を持っています。言い換えると、運に恵まれない人が、ときには不幸な運命にあらがって夢をかなえることができるのも、また真理なのです。ここでは、そうした見ることとの限界と映画の潜在能力に関して考えてみましょう。

◉リアリスト的映画とフォーマリスト映画の見方

伝統的な映画理論家は、映画芸術を現実社会の鏡として考える「リアリスト（realist）」と、映画芸術を想像上の魔法の世界と考える「フォーマリスト（formalist）」に二分することができます（ジアネッティ 2004, pp. 168-182）。映画の本質は現実との差異にではなく、現実を再生産する能力にあると論じたアンドレ・バザンは代表的リアリストで、カメラの目と人間の目では知覚認識のされ方が違っていると説いたルドルフ・アルンハイムは代表的フォーマリストです。今日では、こうした見方はやや素朴すぎると考える研究者や批評家が多くなっています。それでも、リアリズムとフォーマリズムを比較することは、モダニズムの影響を受けて七〇年代以降のさまざまな研究方法論が競う多元主義（methodological pluralism）以前の映画の見方を知る上で意味があります。

まず、**リアリズム志向の映画理論家は、ドキュメンタリー的要素に重きを置いていて、映画がいかに正確に外界の現実を写しとっているかという観点から評価をおこなう傾向があります。**それに対して、**フォーマリスト志向の映画理論家は、映画芸術は現実世界を再現するのではなくて、知覚された事物の特徴を映画というメディア「形式」へと変換することと考えます。**ルイス・ジアネッティ（2004）は、以下のようにリアリズム理論家を説明しています。

> リアリズム映画においては、主題こそが最大のものであり、技術は単に細心の注意を払って出しゃばらないように主題に従属しているものにすぎない。アンドレ・バザンの事例ですでに考察してきたように、多くのリアリズム理論は偏向した道徳や倫理観をもち、またしばしばイスラム教やキリスト教、それにマルクス主義的人道主義の価値観に基づいていることも多い。（p. 169）

彼らにとっては、「映画は何かを創り出す作業というよりは、単に『ただそこに在るありのままの事物』を映し出す作業にすぎないのだ」（ジアネッティ 2004, p. 169）。

それに対して、ジアネッティ（2004）は、フォーマリズムを以下のように説明します。

> フィルムメーカーは映画というメディアの制約（二次元性、フレームの境界、細分化された時間や空間など）を逆に利用して、見せかけによって本物の現実世界と類似した世界を創り出す。現実世界はただの未加工の材料が眠る宝庫にすぎない。それらが芸術になるためには、効果的に形を整えられたり誇張されたりすることが必要なのだ。

以上のように、リアリストもフォーマリストもわたしたちが見ることができる「現実」の存在を前提としています。しかしながら、主体的個人が確立した近代社会に生きるわたしたちが見る現実は、生きている時代や社会構造や立場の違いによって違った見え方をしているのです。そうした視覚的に現実をとらえることの限界は、映画研究者の議論の的となってきました。ここで、わたしたちが「現実（reality）」をどの程度、視覚的に捉えられるのかを考察することは重要です。それは、映画はどこまで現実を写し取ることができるのか、あるいはわたしたちが考える「現実」とはどこまで現実そのものであるのかという問題と関わっているからです。さらに、現実はどこまでわたしたちに「視覚的に捉えられない真理（invisible truth）」を啓示できるのかという問題も関わっています。現実を理解する潜在能力の限界とは、そうした能力の源泉としての知識と現実への接近手段にあるとみなされてきました。たとえば、何かが不条理だと感じられたり、納得がいかなかったりする現実に直面したときにも、つねに真理が明らかになるわけではありません。ポスト印象派の巨人ゴッホの生前に売れた絵は一枚だけだったし、前衛芸術として価値がある絵が伝統的美術館に購入されることはありません。このように「現実」において、しばしば同じ絵画がさまざまに異なって評価されることは日常茶飯事で、そこに普遍的な「真理」が可視化されることなどはないのです。

モダニスト（modernists）の立場から哲学者スタンリー・カヴェル（Cavell 1979）は、「映画とは、動くイメージへの懐疑論（skepticism）である」（p. 199）と述べています。ここでいう懐疑論とは、わたしたちの周りの世界で起こる事象を知る能力には限界があるという意味です。わたしたちには、現実をそのまま知ることはできないか、あるいは知りそこなうのです。さらに、映画研究者マルコム・ターヴェイ（Turvey 2010）が述べるように、懐疑論は「人が持つ知識の限界とそれに対する接近方法から逃れたいという願望」（p. 80）を生じさせます。いかにも、そのような映画の能力は、人の新たな知覚的、認知的能力の進化を引き起こすのです。

ここで、必然的に問われるべきなのは、通常人の視覚は、はたしてどのような限界を経験するのかです。なぜならば、限界があるところこそ、わたしたちに逃れたいという願望が生まれる場だからです。映画理論家ベーラ・バラージュ（Balázs 1972）は、二つの限界を示しています。まず、通常人の視覚は、近代の「世界文化」に特有の歴史的な限界を経験する」（p. 84）のです。バラージュが「近代意識（modern consciousness）」理論と呼ぶものは、近代のさまざまなエネルギー――主に、科学、技術、ありとあらゆる人間存在領域への「道具的理性」の推定的浸透――が人に深遠な影響を与えているのです。さらに、心理学者ルドルフ・アルンハイム（Arnheim 1954）は、以下のように要約しています。

我々は、自分の感覚を通してものを理解するという恩恵を放棄してきた。概念は教訓から切り離され、思考は抽象の間で動いている。我々の目は、識別するためと測定するための道具に還元されてきた。そうして、我々はイメージとして表明可能なアイディアの欠乏と、我々が視るものに意味を見つけられない無能力に苦しんでいる。必然的に、我々は純粋な視覚に対してだけ意味を成す物質存在のなかに喪失感を味わい、より馴染みのある言葉という伝達手段に逃げ込むのである。（筆者訳：p. 1）

このように、わたしたちには、「より馴染みのある言葉という伝達手段に逃げ込む」傾向があります。さらに、感覚が言語の独立性を教えなければいけないことに注意を払うことに失敗する間には、内面を表明するための眼と身体の代わりに言葉の使用という中間段階が存在しています。そのためにわたしたちは、発話されたり表記されたりしたことばという間接的な道具を抜きにして、内面で理解された現実そのものを再現できないのです。

第二に、バラージュ（Balázs 1972）は、通常人の視覚は、しばしば中心部分に気を取られてしまい細部を見ることを怠ると論じています。

クローズアップという手段で無声映画時代のカメラは、我々がすでによく知っていると思い込んでいた隠れた人生の原動力をまた啓示した。ぼやけた筋書きは、ほとんどが我々の無神経な近視眼傾向と浅薄性の結果である。我々は、あふれかえっている人生の実質にざっと目を通す。カメラは、すべての重要なイベントが究極的に抱かれる分割化された人生の不可欠な論点をあらわにする。というのは、大いなる地滑りは、個々の小片の動きの集合にすぎないからである。多数のクローズアップは、まさに一般的が特定に変化するそうした過程を見せることができる。クローズアップは、我々の人生の情景を広げたのみならず、それをまた深くした。無声映画の時代においては、新しい出来事を明らかにしたのみならず、古い出来事の意味をも示したのである。(筆者訳：p. 55)

このように、人には「人生の本質にざっと目を通す」傾向があるのです。しかし、カメラワークひとつ取っても、映画はそれ以上の幅広く、深遠な隠れた意味を視ることを可能にさせるのです。ジアネッティ（2004）は、以下のような例を説明しています。

もし赤頭巾ちゃんの物語が、狼をクローズアップして、赤頭巾ちゃんをロングショットにして語られたとすれば、小さな女の子を食べたくなる強迫観念に悩む狼の感情面に監督の関心があることになる。そしてもし、赤頭巾ちゃんをクローズアップして、狼をロングショットにしたとしたら、邪悪な世界における処女性を守りたいという感情を主題にして強調することになる。このように、同じおとぎ話を題材にしても、撮影のされ方によって二つの異なる物語が作り出されうるのだ。(p. 97)

このようにわたしたちは、同じ現実を見ていると思っても、見せられ方によって容易に異なる現実を視るように操作されてしまいます。まさに、「神は細部に宿る」のです。

こうした「現実」を見ることの限界に対して、これまで映画とは何なのか、あるいは映画とは何になりえるのかという疑問にさまざまな異なった答えが提示されてきました。それぞれの答えは、人の裸眼には不可視な現実に関する真理を明らかにする映画の潜在能力の考察でした。

第一に、モダニストは、映画のもっとも重要な特質とは少なくとも創造的芸術という目的に対して、「映画前的（pro-filmic）出来事を再配置して、それによって再構築するという、すなわち、現実を操作する潜在能力」（Turvey 2010, p. 86）であると信じています。映画製作者は、芸術作品を創造したいと願っているが、単にカメラの前にあるものを再生産することはできません。そうではなくて、独自に映画的技術を用いてカメラの前にある何かを表現しなくてはなりません。たとえば、微妙な表情の変化は、伏線を踏まえて物語の転換点となりえるし、短いセリフも、ある状況下では重要な言外の意味を持つようになります。そうした劇的効果が、演出によって強化されることは言うまでもありません。

第二の疑問への歴史的に支配的答えは、すでに述べたリアリスト（realists）によって与えられます。映画のもっとも重要な特質とは、現実を操作することではなくて、再生産する潜在能力であると彼らは考えています。ジアネッティ（2004）は、以下のように説明します。

> 映画はそもそも、いかに正確に外界の現実を写しとっているのかという観点でされるものだ。カメラはそれ自体が権利をもつ表現媒体ではなく、むしろ本質的には単なる記録装置にすぎないものとして考えられている。リアリズム映画においては、主題こそが最高のものであり、技術は単に細心の注意を払って出しゃばらないように主題に従属している物にすぎない。（p. 169）

このように、多くのリアリズム批評家は、映画芸術におけるドキュメンタリー的要素を重視しています。アンドレ・バザン（Bazin 1967）は、「死に関する議論において、人は最後の一言を発することで、それを耐えるという基本的な心理的必要性」（pp. 9-10）を持っており、写真と映画は現実の超越的表象をすることで、この必要性を満たすかつてないやり方を提供したために、同期された音声の発明によって映画は現実の再生産が可能になったと信じています。

最後の答えは、啓示主義者（revelationists）のもので、映画のもっとも重要な特徴は、人の裸眼には見えない現実に関する真理を啓示する潜在能力であるという意見です。映画の現実を再生産する能力を評価する点ではリアリストの答えと似ている一方で、彼らは通常人の視覚に疑問という形式を当てはめる懐疑論によって影響されています。こうした理論家は、スローモーション、ファストモーション、逆回し、超クローズアップや長回し、エディティングなどが、日常の風景から外れるスタイリッシュな技巧を、もっとも現実をそのままにあらわにするものとみなしています。しかしながら、あらわになりうるものは外部の現実だけではなく、人の内面でもあるという意味で、わたしたちは啓示主義者の立場を再訪する必要はありません。映画の批判的分析は、人間心理の意識領域と無意識領域の両方を見るべきなのです。文芸批評家ヴァルター・ベンヤミン（Benjamin 2005）は、以下のように説明しています。

身の周りの物事のクローズアップ、見慣れた対象物の隠れた詳細のフォーカス、本来のカメラの指導書の下でのありきたりの環境の探索などによって、映画は生活を支配する必要性の理解を広げる一方で、巨大な予想外の行動領域を我々に確信させるという困難な仕事を成し遂げる。……そして映画がやってきて、この監獄のような世界をコンマ一秒のダイナマイトによってばらばらに破裂させて、拡散した荒廃物とがれきの真っ只中で、我々はおだやかに、そして大胆に旅をする。クローズアップによって、空間は拡散する。スローモーションによって、動きは延長される。スナップ写真の拡大は、単に不鮮明であったとしても、より可視化されたものを伝えるのではなく、対象物のまったく新たな構造形成を啓示するのである。（筆者訳：p. 14）

そのために、ベンヤミン（Benjamin 2005）は「精神分析が無意識の衝動を導入するように、カメラは我々に無意識の光学（optics）を導入する」（p. 14）と結論づけています。映画批評の方法としての精神分析が洞察手段は、わたしたちにカメラのレンズを通して見た世界の新たな視点や洞察を与えてくれます。精神分析批評に関しては、第十一章でさらにくわしく見ていくことにしましょう。

第三章

どのように映画批評をするのか

What is Cinema Criticism?

◉映画批評の三段階

映画批評は、単に肯定的だったり否定的だったりする印象に基づく感想ではいけません。自分がたまたま観たある映画を取り上げて、「おもしろかった。その理由は……」「つまらなかった。その理由は……」と述べただけでは、それを批評と呼ぶことはできないのです。実際、ティム・バイウォーターとトーマス・ソブチャック（Bywater & Sobchack 1989）は、映画批評に関して、**「批評とは、秩序だてる行為であり、関係性を整理する行為であり、さらに映画体験を意味深く、感情的に、感じると共に理解させるようなパターンを明らかにし、観察する行為である」**（筆者訳：p. xii）と述べています。つまり、批評家には、映画を観たり吟味したりする経験において、存在する意味の可能性を増加させるため、主題として扱われている事象に対して責任をもって取り組むことが求められているのです。たとえば、ある映画のなかに、「何が超越的に象徴されているか」、「どのような実践が示されているか」、「どのようなイデオロギーが隠されているか」、「どのような社会集団や説得構造のスタイルに関わる物語が示されているか」といった問題を考察しなくてはなりません。さらに映画批評は、賛成論と反対論を比較検討することで「何が最善の行動か」、正義を考察することで「どのような行動がなされるべきか」、あるいは、「誰が賞賛され、誰が非難されるべきか」、「何が公的な善であり、何が悪であるか」といったさまざまな問題を考える機会をわたしたちに与えてくれます。

そのために、映画批評家は、以下のような手順を踏みます（【図1】参照）。

前記のように、**映画批評の第一段階とは、取り上げるに値する理由を持った作品を分析対象の「テクスト」として選び出すことから始まります。**その作品が社会現象になるほどの話題作だったり、古い作品であるにもかかわらずカルト的人気を誇っていたりする、あるいは、個人的にどうしても批評したいこだわりを感じるという理由でもかまいません。たとえば、二〇一九年公開の『ジョーカー』は、一七歳未満の観賞に保護者同伴が必要なR指定映画として初めて十億ドル（日本円で約百十億円）の興行収入を上げました。世界的に進む格差社会の拡大が、これまで映画『バットマン』シリーズでは悪役として描かれてきたジョーカーを、不満と怒りの代弁者として行動するアンチヒーローを描いたサイコ

第１段階

批評するテクストの選択

（selection of movie(s) to be critiqued）

⇓

第２段階

批判的分析方法論の適応

（application of a critical methodology）

⇓

第３段階

歴史的、文化的、社会的文脈における重要性の解釈

（interpretation of the significance within historical, cultural, and social contexts）

【図１】映画批評の三段階

スリラー映画に人々を夢中にさせたのです。

さらに、すでに他の批評家が取り上げた作品の解釈に、驚くような新解釈を見つけて示すのもよくある映画批評のパターンです。たとえば、カンヌ映画祭で最高の栄誉パルム・ドール賞を受賞した二〇一八年公開の日本映画『万引き家族』は、国内では政府の貧困政策を批判する映画ではないかという批判もありましたが、逆に、そうした政府の貧困対策が行き届かない人々が、「家族は助け合うもの」というモダン的な主題に対抗して、法を犯しても生存のための最後の拠り所としての疑似家族を作るというポストモダン的な主題を持った映画と解釈することも可能なのです。

次の段階ですべきは、その作品を解釈するための適切な「批判的分析方法論」の選択です。古今東西の名作と呼ばれる作品の多くには、多種多様な解釈が同時に成立することが多々あります。なぜならば解釈には、正しい解釈とまちがった解釈の明確な境界線があるわけではなく、説得力のある解釈と説得力のない解釈、あるいは興味深い解釈と当たり前で凡庸な解釈の区別があるだけだからです。

ホラー文学の古典となっているメアリー・シェリーの『フランケンシュタイン』を例にして、廣野由美子（2006）は表層的に読んだだけではわからない深層的解釈のさまざまな可能性を示しています。もしも精神分析批評を用いて、怪物を創造主フランケンシュタイン博士の自我の一部と見た場合には、怪物はフランケンシュタイン博士の悪しき「分身

(alter ego)」であり、博士の周りの人々が殺されるのは、彼自身のおぞましい本能や汚れを抑圧する者を怪物が代わって破壊していることになります。他方で、怪物をフランケンシュタイン博士と対立する「他者(the Other)」と捉える見方も可能です。フェミニズム批評を用いるなら、女性の表象としての怪物が家父長制を破壊していることになりますし、マルクス主義批評を用いるなら、労働者階級の表象としての怪物が資本主義を破壊していることになり、ポストコロニアル批評を用いるなら、植民地の表象としての怪物が帝国主義を転覆させようとする物語としての読み解きも可能となります。

批評の最終段階は、自らが選んだテクストにある批判的方法論を当てはめることで、自分なりの解釈を成立させて「社会的・歴史的・文化的コンテクストにおける重要性」を説明することです。批評とは、独りよがりの私的な活動ではなくて、社会に向けてメッセージを発する公的な性格を持っています。たとえば、ロラン・バルト(Barthes 1976)は、「テクストの快楽(the pleasure of the text)」という言葉を使って、読者があるテクストの自由な読み解きを享受する可能性を示しましたが、それは彼らに独りよがりで恣意的な作品の解釈をする自由が与えられるということを意味しているわけではありません。あるテクストに多種多様な解釈が成立可能な理由は、テクストの語源が、「編まれたもの」であることからわかるように、内部にさまざまな対立を抱えたテクストは批評家による解釈を必要としています。つまり、テクスト分析においては、歴史的言及や過去のいきさつ、宗教的・文化的な価値観を踏まえた比喩などの言語的技巧、さらにメディア時代になって重要性を増しつつある間テクスト性(intertextuality)と呼ばれる、関連したテクスト同士の創造と解釈に影響を与える相互関連性が考慮されなければなりません。

しばしば批評家は、競争関係にある複数の解釈(competing interpretations)をめぐってアカデミックな論争をおこないます。また批評の授業のなかで、学生は同一作品をめぐるさまざまな読み解きの手法を学んだ上で、独自の新たな解釈を要求されます。そうした試みを通じて、「人間性とは何なのか」、「もしも人間性というものがあるならば、その可能性はどこまでいけるるか」、あるいは「コミュニケーションは、異なった背景や考えを持つ主体の間で成立可能なのか」、「もしもコミュニケーションが成立可能ならば、その可能性はどこまでいけるるか」を考える機会を与えてくれるのです。

異なった批判的方法論を当てはめることは、同時に、社会的・歴史的・文化的文脈における異なった重要性に焦点を当てることにもつながります。この点で、あるテクストに関して学ぶことは、単にテクスト内部に含まれた物語構造を考えるだけでなく、テクストを成立させている社会的・歴史的・文化的コンテクスト、さらには暗示されているイデオロギーまでを考えることなのです。風間賢二（2001）は、ブラム・ストーカーの小説『ドラキュラ』が吸血鬼の目撃者談からなる"Eye"の物語だったのに対して、アン・ライスの『夜明けのヴァンパイア』（映画タイトル『インタビュー・ウィズ・ヴァンパイア』）では主人公が「私が吸血鬼になったのは二百年前だった」と自分で語り出す"I"の物語に変わったと述べています。こうした視点のパラダイムシフトとも呼ぶべき現象が、大きな批評のテーマになることはいうまでもありません。

また、正統派のヴァージョンでは「悪役」として描かれていたキャラクターの視点から物語を提示する映画が、近年、ブームとなっています。なぜ悪役の視点が重要かに関して、『ベストセラー小説の書き方』のなかで、ディーン・クーンツ（1996）は、以下のようにヒーローよりも悪人のほうが書きやすい三つの理由を示しています。

① 悪人の行動パターンには、無限の可能性があり、どんなことでもできるのにひきかえ、理想的なヒーローのほうはといえば、読者の尊敬と同情を一身に受けるべく行動しなければならず、おのずとその行動も限られてくる。

② 悪人的要素はどんな人の中にも存在している。その悪に引かれる衝動を読者のかわりに実現してくれるわけだから、書く側はもちろん読む側もすかっとする。……大衆は十中八九、ヒーローの肩を持ちたがるものであるが、ときとして、悪人の味方をすることで欲求不満のはけ口を見いだす。

③ 悲しいことに、この世の中には悪のほうがはんらんしており、しかも目につきやすい。……夜のテレビニュースは、四分の三が、殺人、強姦、虚言、詐欺、背信、偏見、無知、狂信で占められ、人間の醜悪な面に人は慣れっこになってしまっているのだ。(p. 29)

実際、映画と社会の関わり合いを考えるときに避けて通れないのが、悪役に関して考えることです。考えてみてください。そもそも物語には、なぜ悪役が必要なのでしょう。なぜわたしたちはよい人ばかりが登場する心温まる物語ではなく、魅力的な悪役が登場して彼らによって人々が嘆き、悲しみ、打ちひしがれるエピソードが描かれる物語に夢中になるのでしょう。答えは、けっして悪役が正義の主人公の引き立て役として必須であるという構造的な理由ではありません。物語には、悪役が登場する必然性と、悪役が物語のなかで演じる役割が存在しているのです。

ここで気がつかなければならないのは、少なくとも現代社会を舞台とする物語において、独立した人格を持った根源悪や絶対悪など存在していないことです。そうではなくて、善と悪は、わたしたちの心のなかに潜んでいるのです。心理療法家M・スコット・ペック（2001）によれば、「神学者は、人間の悪は人間が持つ自由意志がもたらす結果であると語る。神は、神自身のイメージに合わせてわれわれ人間をつくる際に、われわれ人間に自由意志を与えた。そのため、人間が悪を選ぶことを容認せざるをえなかった」（p. 142）。一見不条理のように見えても、彼の意見は正しいと言わざるをえません。もしも悪魔によって悪い行動しか取れない心を植えつけられた人間がいたとするならば、わたしたちは彼あるいは彼女を罪に問うことはできません。なぜならば、その人間には正しいことをする自由がないからです。悪とみなされるべき行動を取った人間を罰することができるのは、彼あるいは彼女には正しい行動を取る自由があったにもかかわらず、悪いおこないをしたからなのです。それゆえに、ペック（2001）は、次のように結論づけています。

……われわれには自由を選ぶことができない。そこにはふたつの状態があるのみである。神と善に従うか、それとも、自分の意思を超える何ものにたいしても服従を拒否するかである。この服従の拒否こそが、とりもなおさず、人間を悪魔の力に隷属させるものである。結局のところ、われわれは神か悪魔のいずれかに帰依しなければならない。私は、善にも、また完全な利己心にもとらわれることなく、神と悪魔のまさに中間にある状態が真の自由な状態ではないと考えている。（p. 148）

結果として、**わたしたちは、常に人生において善と悪の選択にさらされているのみだけでなく、どのような善悪に関するものの見方をするかという選択にも迫られています。**そうした人生を生きることは、楽しいことやうれしいことばかりではありません。逆に、多数派につくことで少数派に不利な決定をしたのではないか、あるいは、あのときは正しいと思っていたが後から考えると間違っていたのではないかという、不安に駆られたり、ストレスを感じたりすることも、人生にはあります。そんなとき、わたしたちは、悪役にある役割を演じさせることで、さまざまな自分自身の心の闇を払う儀式をしているのです。

物語の「悪」に役割があると考えたときに、悪役は、以下の三種類に分けることができます。ただし、以下はあくまで機能的な役割であるため、ひとつの悪役が二つ以上の範疇にあてはまることもあります。**まず第一に、表象的な悪（evil of representation）です。ほとんどの悪役は、この範疇にあてはまります。ある象徴的な存在に「悪」が体現されていて、そうした具体的な存在を敵と特定化し、排除することでわたしたちはカタルシスを獲得することができます。**内田樹（2011）は、以下のように説明しています。

> ある象徴的な存在に社会の「悪」が集中的に体現されており、その存在がすべての「悪」の原因である。だから、それを特定し、それを摘抉しさえすれば、社会はもとの安寧と秩序を回復する、というのは、人類が誕生してからずっと生き続けてきた「社会についての原型的説話」です。
>
> 「悪」に擬されるものは、時代とともに、地域とともに、変わります。でも、図式そのものは変わりません。「悪」の表象は、異教徒、悪魔、半獣人、ユダヤ人、フリーメイソン、資本家、ブルジョアジー、移民、売国奴、男権主義者……どんな姿にも化けることができます。（p. 20）

つまり、表象的な悪のもっとも重要な役割は、自分のなかの悪を他者に押し付けることで自らを正義の側に置くことです。また、相手が悪の側に立つとするならば、自らの手段が正当化されるともいえます。こうした悪が登場する物語における善とは、つまり、「正義の味方」(hero of justice)です。たとえば、一九七一年にスタートしたテレビ番組『仮面ライダー』で世界征服を企む悪の秘密結社ショッカーと闘う主人公であり、『ヴェニスの商人』で悪役の金貸しシャイロックから若き法学者に扮してアントーニオを救うポーシャです。わたしたちは、勧善懲悪物語における悪を懲らしめるヒーローやヒロインに感情移入することで、意識的、あるいは無意識的に感じていた不安やストレスを浄化しているのです。

第二の「悪」の範疇が、社会が守ろうとするルールに違反したり、共同体が信奉する価値観を侵害したりする掟破りの悪(evil of rule-breaking)です。掟破りの悪の役割は、普段は意識していない守るべき正義の裏にある「基準」や「価値観」を正当化し、わたしたちにそのルールや価値観を守らせることです。また、掟破りをする者は、必ず罰を受けなければならず、それによって、そうした行為にはペナルティーが課されることを構成員に知らしめる役割があります。こうしたメッセージが物語を読んだり、聞いたりする人々に与えられることで、これまで必ずしも意識されなかった秩序が再認識され、構成員によって維持され、強化されるのです。こうした悪が登場する物語における善とは、「秩序の擁護者」(defender of order)です。たとえば、映画『アンタッチャブル』(1987)でシカゴを支配していたマフィアの大ボス、アル・カポネに対抗するFBI捜査官エリオット・ネスであり、江戸時代に実在した「鬼平」こと火付盗賊改方長官・長谷川平蔵です。

この範疇の悪に関連して、神話において、タブーを犯したり、罪を犯したりする人物が悪役ではなく、普通の人間であることが多いことを思い返してみてください。たとえば、蛇の誘惑のことばに乗って、知恵の実を食べてエデンの園を追われるアダムとイヴは悪役ではなく、あくまで無垢で純真な人間です。神話においては、タブーを犯した人間も神の罰を受け入れることで、救済(redemption)が与えられます。しかしながら、全知全能の神が直接的にわたしたちの生活を縛ることがない現代社会では、法や契約というルール、あるいは治安や平和といった価値観が間接的に神の代わりに人々を律しています。社会的な物語では、悪役は、単にエンターテインメント性をより盛り上げるという理由ではなく、わたしたちが普段は意識していないが重要だというコンセンサスを持っている、あるいは、擁護しようとしているルールや価値観を知らしめるという役割を演じているのです。たとえば、ミステリーや犯罪映画では、狡猾で頭脳明晰な犯人が用意周到に犯罪をもくろんでも、執拗に捜査する刑事の努力や探偵のひらめきによって事件が解決されることで、まっとうに生きる人々の価値観である市民の安全が保証されます。あるいは、昭和の時代に圧倒的な人気を誇った松本清張作品では、「不倫は報われない」というテーゼが貫かれており、社会的に許されない愛に身を委ねた美男美女は必ず不幸な結末を迎えるのです。

最後の悪役の範疇は、善悪の二項対立から脱構築された悪（evil of deconstruction）です。こうした悪は、もっとも相対的であり、あてはめる視点を変えれば不条理に挑むアンチヒーローや悲劇のヒロインとして主人公にもなりうるという点で、最初の二つの悪とは異なっています。たとえば、『眠れる森の美女』でオーロラ姫に呪いをかける魔女の視点から描かれた『マレフィセント』（2014）、『バットマン・シリーズ』の悪役の視点から描かれた『ジョーカー』（2019）、『オズの魔法使い』の悪い魔女として描かれていたエルファバの視点から描かれた『ウィキッド　二人の魔女』（2024）等、近年、これまで嫌われ者だったキャラクターが愛すべき一面を持っていたり、やむにやまれぬ状況から反社会的行動に追い込まれていったりする物語が展開されるようになってきています。こうした悪の役割は、社会の欺瞞を暴き、わたしたちが信じる正義が絶対的ではないのかという疑問を呈し、実は移ろいやすいものであることをあらわにします。このように、悪役が無限のバリエーションを持ち、わたしたちの怒りや不満の代弁者となりうる悪の魅力に気づいたときに、ヒーローやヒロインと悪役の役割が入れ替わった物語に人々が夢中になるのも不思議ではないのです。

現実を見ても、これまでならがんばれば努力がむくわれた右肩上がりの時代だったものが、格差社会の進行によって、昔ならば夢をかなえた人々を意味していた「勝ち組」が単なる経済的な成功を意味するようになり、「負け組」となった人々の怒りと不満が社会に充満しています。西山隆行（2020）は、アメリカ社会を例にして、以下のように説明しています。

アメリカは、かつてはアメリカン・ドリーム、すなわち、刻苦勉励すれば豊かになることができる、仮に自分自身は貧しいままであり続けたとしても子どもの世代は豊かになるという夢を持つことのできる国だと信じられてきた。だが、今日のアメリカでは、貧富の差が拡大し、さらには世代を経て固定化している。そして、その解消方法をめぐって政党間対立と社会の分断が顕著になっている。(p. 271)

こうした社会的な物語の変容に鑑みて、かつては「夢工房(Dream Factory)」と呼ばれて人々に夢を与えてきた映画産業が、今後は、どのような形で人々の考え方や社会への参加のあり方と関わっていくのかも映画批評の重要なテーマとなっていくでしょう。

第四章

監督研究と映画批評

Auteur Theory

◉作家主義とは

作家主義（auteurism）は、映画監督が映像作品を通じて自らの思想を表現していると考えて、彼らの創造性と独創性を重視する研究アプローチです（Bywater & Sobchack 1989）。映画監督が自分の作品に強力な芸術的な影響力を持つことを前提に、作家主義理論（auteur theory）は、ある監督による個々の作品を同じ監督の他の作品と比較することで一貫した芸術的優越さが達成されているかどうかを吟味しようとします。たとえどれだけ一つ一つの彼らや彼女らの作品鑑賞が強い印象と記憶を残しているとしても、全体を見ることでそうした理解がさらに増幅されると考えます。

作家主義批評は、テクスト中心の批評と文脈中心の批評の中間に位置しています。それは、単一作品における形式と修辞パターンを明らかにする、またはある映画監督の作品間における一貫した内容構成と個人的展望を記述する一方で、他方では原作者、芸術的影響、人物紹介を通して、社会史と個人史の相互作用というテクスト外の（あるいは文脈的）考察とも関連しているからです。作家主義批評とは、形式的要因と繰り返し現れる態度と思想を通じて、一人の芸術家のスタイルを描写し、明らかにすることに専心しています。

本章では、作家主義理論が、どのように誕生し、その後、発展してきたのか、さらに、それがどのように映画批評の方法論として機能するかを紹介します。

◉映画批評の方法論としての作家主義

イギリスの映画研究者ルース・ドーティとクリスティン・エスリングトン＝ライト（Doughty & Etherington-Wright 2018）は、以下のように作家主義の歴史を概観しています。「映画全体を支配する個人」という考えは、一九一〇年代の英国雑誌 *Bioscope* で、ある監督たちが特別であると承認されることから現れてきました。同様に、ドイツでも監督を著者として考えることを促進する Autoren 映画という言葉が使用されました。しかしながら、脚本家たちは彼らが創造的エネルギーとして認識される権利のためにキャンペーンを展開し、その結果、作家主義という概念はますます複雑なものとなりました。一九一〇年代に始まったこの論争は一世紀後まで反響を呼び続け、映画理論の基本概念の一つとなっています。

また、作家主義を提唱したフランス人批評家兼映画監督のアレクサンドル・アストリックは、「カメラ万年筆（仏caméra-stylo、英camera pen）」という用語を造り出しました（Doughty & Etherington-Wright 2018）。アストリックは、映画を労働者階級の娯楽形式からオペラ、バレエ、詩、文学、美術などの芸術と同水準のものにしたいと望みました。彼は、作家が万年筆を使うのと同じやり方で、カメラは使われるべきだと論じました。映画製作者が、より個性的な語りの形式で製作するのを支持することによって、決まりきった製作形式を越えるように励ましたのです。作家主義は、一九五〇年代に、のちにヌーヴェル・ヴァーグを担うことになる批評家集団によって、さらに発展しました。フランソワ・トリフォー、ジャック・L・ゴダール、クロード・シャブロル、ジャック・リヴェットらは、フランスの『カイエ・デゥ・シネマ』誌で作家主義を戦略として提示しました。

アメリカにおける作家主義の代表的提唱者は、アンドリュー・サリス（Sarris 1968）です。サリスの考えでは、ある作家主義監督の特定作品の主題やモチーフ、高度な技術などの価値は、他の彼らの作品の知識、繰り返されるテーマの認知や、彼の作品群を通じたスタイルなどを知ることでより深く理解されます。彼は、二十九年間にわたって映画雑誌『ヴィレッジ・ヴォイス』で評論をおこない、闘争的スタイルの映画コラムニストとして人気を博しました。また、『ニューヨーカー』誌の人気コラムニストだったポーリン・ケイルとは生涯を通じて論争を繰り広げましたが、その中心は作家主義でした。映画を、一人の貢献者による個人的製作物と考えることには、問題もあります。映画製作は、集団による過程であり、それを監督が持つその他すべてへの支配に帰することは論争の的となるからです。映画製作に関わる人々は、役者、脚本家、舞台装置家、カメラマン、音楽家、スポンサー、技術アドバイザー、衣装や化粧担当者、編集者、マーケティングや配給担当者など多岐にわたります。

作家が取材や構想に基づき一人で書き上げることができる小説とは異なり、傑作や名作と呼ばれる映画が生まれるまでは、名監督と才能に恵まれた脚本家、役者、舞台芸術家やカメラマンとの出会いが不可欠で、すばらしい才能同士が化学反応を起こすことで歴史に残る作品が生まれる側面があることは否定できません。たとえば、黒澤明監督は、「黄金コンビ」と呼ばれた俳優三船敏郎を起用して、『よいどれ天使』(1948)に始まり、『静かなる決闘』(1949)、『野良犬』(1949)、『醜聞《スキャンダル》』(1950)、『羅生門』(1950)、『白痴』(1951)、『七人の侍』(1954)、『生きものの記録』(1955)、『蜘蛛巣城』(1957)、『どん底』(1957)、『隠し砦の三悪人』(1958)、『悪い奴ほどよく眠る』(1960)、『用心棒』(1961)、『椿三十郎』(1962)、『天国と地獄』(1963)を経て、『赤ひげ』(1965)まで十七年間で十六本もの映画を一緒に撮っています(「『羅生門』と三船敏郎」2021)。黒澤は、一九九九年一月二四日の三船の葬儀において息子の久夫が代読した弔辞のなかで、以下のように述べています。

僕は三船という役者に惚れこみました。『よいどれ天使』という作品は、三船敏郎というすばらしい個性と格闘することで、僕はやっと、「これがオレだ!」というものが出来上がったような気がしています。もし、三船君に出会わなかったら、僕のその後の作品は、全く違ったものになっていたでしょう。僕たちは、共に日本映画の黄金時代を作ってきたのです。今その作品のひとつひとつ振り返ってみると、どれも三船くんがいなかったら出来なかったものばかりです。(「黒澤明の弔辞」2021)

もしも黒澤明という監督を得ることで三船という役者の才能が引き出され、三船敏郎という役者を得ることで黒澤の思い通りの作品が世に出たのであれば、「黄金コンビ」と呼ばれた二人にフォーカスを当てた分析があっても不思議ではありません。今後、特定監督と主演男優・女優との組み合わせにしぼった研究方法、あるいは主演男優・女優を中心としたスターシステムに着目した分析方法も、より注目されてもよいでしょう。

◉作家主義分析のアプローチ

作家主義の基本は、芸術としての映画が、公的よりも私的表現としてのメディア作業に宿っているという信念にあります。映画製作が集団的努力の結果であることを認めた上で、作家主義批評家は、そうした努力を結合させるような「支配的個性（dominant personality）」と、最終的に作品を形作った主要エネルギーと創造的展望を抜き出そうとします。アメリカの映画批評家ルイス・ジアネッティ（2009）は、映画作家理論に関して、以下のように説明しています。

脚本家の貢献度は監督の貢献度に比べると重要度は低い。なぜならば題材は芸術的には中立状態で只そこにあるだけだからだ。それは優れた才能、あるいは適切な能力によって処理加工されうる原材料にすぎないのだ。映画は「何が」ではなく「どのように」が評価の判断材料にされるべきなのである。他のフォーマリストたちのように、映画作家批評はその映画が良いか悪いかはその主題によるのではなく、その様式的な表現方法によるのだという主張である。監督がその表現方法を支配する。強い支配力を持つ監督であるならば、その監督は映画作家と言えるのだ。（p. 182）

作家主義批評に関して、アメリカの映画研究者ティム・バイウォーターとトーマス・ソブチャック（Bywater & Sobchack 1989）は、以下のような特徴を明らかにしています。**第一に、作家主義批評は、ある映画作品群に現れた個人的スタイルの存在または欠如に基づいた価値体系（value system）を持っています。**そのために、作家主義は、整合性、統一性、調和の取れた首尾一貫性と作品群の進化を高く評価するために、作家主義批評は、全作品のなかの一部分ではない重要な単独作品をしばしば無視することがある。同様に、上等の単独作品を作るが、それらの間にスタイル上の組織的結合がないように思われる映画監督も無視してしまう。反対に、作家主義は、ときおり特定の映画監督の作品をその整合性、識別可能なスタイル――場合によって、審美眼的に人の注意を引かないものであったり主題的につまらなかったりするものであってさえ――過大評価してしまうことがある。（筆者訳：p. 54）

結果として、作家主義批評家の分析的序列は、ジョン・フォードやアルフレッド・ヒッチコックのようにテーマ的関心や映画テクニックが首尾一貫しており、スタイル的要因が認知されやすい監督が最上位に位置する傾向があります。逆に、分析的序列の底辺にくるのは、特定の伝えるべき世界観やテーマ的な関心事を持たずに、作品ごとにころころスタイルを変えるカメレオンのような映画監督です。

次に、作家主義批評は、所与の監督作品の相当数における独創的スタイルとテーマの継続性と進化の過程を探ろうとします。カメラの動き、構図、ライティング、編集などの形式批評の要素（formal cinematic elements）の分析が重要で、映画の視覚的・文学的性格に対する細心の注意こそ作家主義の最大の映画批評への貢献なのです。作家主義批評がうまく機能した場合には、『大砂塵』（1954）や『理由なき反抗』（1955）のニコラス・レイ監督や『白い肌の異常な夜』（1971）や『ダーティハリー』（1971）のドン・シーゲル監督を美学的・歴史的観点から位置づけることで、それまで俗物根性批評によって二流映画（"B" movies）とみなされていた彼らの作品の名誉を回復させてきました。逆に、うまく機能しなかった場合には、作家主義批評は、いわゆる英雄崇拝（personality of cult）におちいってしまい、映画製作者の作品の潜在的に最悪な部分を持ち上げるという誇大な賞賛の一形式に堕してしまいかねない側面があります。

インタビュー、噂話、自叙伝中の細々したエピソード形式で得られた情報は、本来なら客観的距離を維持すべき批評家に、映画製作者によって提供された個人的情報を自分に都合のよい宣伝と見るように導いてきました。たとえば、マルクス主義批評家は、作家主義の首尾一貫性と調和の追求を基本的に目先のことしか見えない態度だと批判しており、最終的に社会的・経済的な勢力によって何が作り出され、分配され、提示されるのかを決定するかという方法を見ることに失敗していると示唆している。そうした批判にもかかわらず、作家主義は人気がある映画研究のアプローチであり、他の方法と合わせて広く用いられてきました。しかしながら、単なる個人情報の集積では、体系的批評にはなりえません。知識豊かな批評家や映画監督によって用いられてこそ初めて、彼らが発展させ、磨きをかけてきた作家主義という方法論は客観性の無さという欠点をおぎなってあまりある結果を生み出してきたのです。

バイウォーターとソブチャック（Bywater & Sobchack 1989）は、作家主義批評に関して、以下のように説明しています。

それは関係者を紹介することで、読者に映画製作のプロセスに実際に参加する感覚を与える。さらに重要なのは、映画製作をやり遂げるためには、その任務がいかに込み入ったものであるかを明らかにする。読者に一般に創造的芸術家と考えられている映画監督を賛美する一方で、インタビューはしばしば扱われている作品製作を特徴づけるような現実世界の対立、圧力、妥協を暴露することもある。（筆者訳：pp. 59-60）

また、インタビュー以外にも、回顧録、私的往復書簡、自叙伝や伝記のように、長く文芸批評分野で伝統的に用いられてきた形式が作家主義批評では用いられます。前述のサリスは、映画監督が作家として際立つための以下の三つの基準を示しています。**第一の基準が、技術的有能さ（technical competency）です。**彼は、「偉大な監督は、最低限、まずよい監督でなければいけない」という有名な言葉を残していますが、監督は、単なるミザンセーヌ（*mise-en-scène*、本来は「舞台上の配置」を意味する舞台用語で、転じて「作品の筋、登場人物を作り出すこと」、「演出」の意味）を越えて映画を完成させるための基本的技術を備えていなくてはなりません。たとえば、スロベニアの哲学者スラヴォイ・ジジェック（1994）によれば、ヒッチコックは、安定した自然な秩序のなかにある異質な要素をジャック・ラカンのいう「シミ」として侵入することで、場面や光景の意味を一変させてしまうと述べています。**第二の基準が、識別可能な個性（distinguishable personality）です。**監督は、繰り返し現れる個性的なスタイルを見せることで、あたかも彼らの署名を映画に捺印するのです。ヒッチコックは、無実の主人公が犯罪者と間違われて警察に追われながら真犯人を捜すという「巻き込まれ型」ミステリーで真骨頂を発揮しました。**最後の基準が、「内的な意味（interior meaning）」です。**これは監督のパーソナリティと彼の素材との緊張関係から推定される魂の躍動であり、作品の中身に現れる一貫した世界観です。「部分的には映画の材料のなかに埋め込まれており、映画以外の表現によって伝えることができないために、いかなる文学的意味においても、曖昧である」（Sarris 1971, p. 7）、とサリス自身が認めているように、監督が映画を通じて何を伝えようとしているのかというむずかしい問題です。この問題に答えるむずかしさとは、監督が伝えたいメッセージは意識的にせよ、無意識的にせよ複数である可能性が高いためで、観客は映画というテクストを自由に読み解くことを許されているためです。それでも、巨匠と呼ばれる監督の作品には、しばしば一貫した世界観を見つけることができます。たとえば、ヒッチコックが伝えるのは、「安全」とは、いつ割れるかもしれない薄氷の上に成り立っているものであり、ちょっとしたきっかけでわたしたちを冷たい湖の底に引き落とすかもしれないという恐怖です。それは、社会的なところからも、人間の内面からもやってくるのです。

しばしば監督の役割を過剰に重要視していると批判される作家主義ですが、映画監督を船長にたとえてみるとわかりやすいかもしれません。巨大船舶を動かすには多くの船乗りが必要でも、強力なリーダーシップを持つ船長がいなければ全体の統一が取られることがありませんし、嵐のようなアクシデントにも対応できませんし、行き先に無事に到着することもありません。全体の進行に目配りをする能力と、最終責任を取る覚悟を持った人物だからこそ、出演者やスタッフも監督を信じ、映画製作という荒波の航海に参加して乗り切ることができるのです。その点で、作家主義が、映画を現実世界の鏡としてとらえるリアリズム批評と想像上の世界としてとらえるフォーマリズム批評とは異なった、映画監督を芸術家としてとらえる新しい視点を提供してきたことは評価すべきでしょう。

第五章

物語の展開パターン

The Development Patterns of Narratives

◉物語論

誰しも子ども時代には、文学や映画のなかの物語に夢中になりますし、さらに、大人になっても、物語に心惹かれる人は多いと思われます。それでは、なぜわたしたちは物語に魅力を感じるのでしょう。カナダの批評家ノースロップ・フライ（Frye 1957）は、物語はそれ自体が一つの小宇宙であると述べています。**わたしたちは、文学作品を読んだり、映画を観たりしたりすることで、物語のキャラクターが体験するエピソードを追体験し、平凡な日常を離れ、自分の人生にも何かが起こることを期待することができるのです。**こうした物語が持つ魅力を分析するために、六〇年代に文学研究の方法論として、フランス構造主義者が中心となって、語られる物語の構造、あるいは語るという行為を研究する物語論という学問領域が誕生しました。アメリカの映画批評家ルイス・ジアネッティ（2004）は、以下のように述べています。

> 物語学はどのようにストーリーが展開し、どのようにわたしたちが物語のナマの素材を理解し、それらを筋の通った全体像に結びつけていくのかを研究する学問である。さらに、いろいろな種類の物語構造、語りの手法、芸術表現上の約束事、物語の種類（ジャンル [genre]）、または物語に含みこまれた象徴性なども研究の対象にしている。（p. 51）

もちろん、物語とは文学のなかにのみ存在するものではなく、文化や社会活動全般にも存在しています。映画もまた例外ではなく、観客を惹きつけようと思えば、フィクションであったとしてもノンフィクションであったとしても、魅力的な物語構造を欠かすことができません。たとえば、「王様が死にました。お妃様も死にました」と書いたなら、それは単なる事実の列挙にすぎません。しかし、「王様が死にました。悲しみのあまりお妃様も死んでしまいました」と書けば、世界でもっとも短い物語が出来上がります。このように物語が展開するためには、伏線となるプロット（筋書き）を欠かすことができません。映画批評をしようとする際、これまで物語の展開パターンに関して、どのような議論がおこなわれてきたかを知っておくことは有益でしょう（たとえば、Wiehardt 2019を参照）。

物語の分類方法には、ジャーナリストで作家でもあったクリストファー・ブッカー（Booker 2004）が、以下のような典型的な七パターンを提示しています。ユング心理学を応用しているために、意識レベルの話だけではなく、わたしたちが無意識レベルで感じている恐怖や願望がモチーフになっていることも多くなっています（ユング心理学に関しては、河合1967を参照）。

① 怪物に打ち勝つ（Overcoming the Monster）――主人公が、彼らや自国を脅かす敵対する力（しばしば邪悪な存在）を打ち倒そうと決心する。例：『鬼滅の刃』、『七人の侍』、『００７ジェームズ・ボンド』、『スターウォーズ』。

② 貧乏から裕福へ（Rages to Riches）――貧しい主人公が、力や富を手に入れるが、一度、失った後に、それを取り戻すことで人間的にも成長する。例：『シンデレラ』、『アラジン』、『リトル・プリンセス』、『ディビッド・コパフィールド』。

③ 探求譚（The Quest）――主人公と仲間たちが、重要な目的を達成するか、場所に行こうと決心する。その道中で、彼らは誘惑やその他の障害に出会う。例：『ワンピース』、『レイダース――失われたアーク』、『アラジン』、『西遊記』。

④ 冒険と帰還（Voyage and Return）――主人公が不思議な土地に行き、さまざまな危機を乗り越えるかそこでしか得られない教訓を得た後に、そうした経験を持って帰還する。例：『オデッセイ』、『タイムマシン』、『指輪物語』、『風と共に去りぬ』。

⑤ コメディ（Comedy）――ユーモラスな登場人物とハッピーエンディング。主題は、敵対する状況に勝利することであり、最後は成功するか幸福になる。対立はますます混乱を招いても、最後はシンプルな出

来事によって解決する。大部分のロマンスがこのジャンルに入る。例：『真夏の夜の夢』、『恋のから騒ぎ』、『十二夜』、『ブリジット・ジョーンズの日記』。

⑥ 悲劇（Tragedy）——主人公は、欠点があるか大きな間違いを犯すヒーローで、最終的に破滅する。彼らの悲劇的な結末は、愚行と基本的には善良な性格への哀れみをさそう。例：『アンナ・カレーニナ』、『市民ケーン』、『マクベス』、『ロミオとジュリエット』。

⑦ 再生（Rebirth）——ある出来事が主人公に、生き方を変えることを余儀なくし、よりよい人物に生まれ変わる。例：『高慢と偏見』、『美女と野獣』、『クリスマス・キャロル』、『秘密の花園』。

二〇一六年には、バーモント大学アンドリュー・レーガン研究所が感情分析を用いて、千七百以上の物語を分類しています（Reagan 2016; レーガン 2016）。この研究所は、言葉が読者の感情に肯定的または否定的な影響を与えるという前提に基づいて、読者が文章を読んだときの感情値の変化をグラフ化し、それぞれの作品にある異なった感情の動きを示す曲線を明らかにすることで、人々に好まれる六つの基本パターンを発見しました。こうした分析の強みは、演繹法的にではなく、帰納法的に人々が強い影響を与えた作品を明らかにしている点です。

① 不幸から幸福になる立身出世物語で、感情値は「一定して継続的上昇」（Rags to riches—a strategy rise from bad to good fortune）。例：『地下の国のアリス』。

② 幸福から不幸になる悲劇で、感情値は「一定して継続的下降」（Riches to rags—a fall from good to bad, a tragedy）。例：『ロミオとジュリエット』。

③ 幸福から不幸になり、感情値は「上昇して下降」（Icarus—a rise then fall in fortune）。例：イカロスの神話。

④ 不幸から幸福になった後に不幸になり、感情値は「下降から上昇になり下降になる」（Oedipus—a fall, a rise then a fall again）。例：オイディプス王の神話。

⑤　幸福から不幸になった後に幸福になり、感情値は「上昇から下降になり上昇になる」（Cinderella—a rise then a fall a rise again）。例：『シンデレラ』。

⑥　不幸から幸福になり、感情値は「下降から上昇になる」（Man in a hole—a fall and a rise）。例：穴に落ちた男が這い上がる。例：『アラジン』。

映画に関しては、小説家の村上龍（1999）が、『タクシー・ドライバー』（1976）の脚本家ポール・シュレイダーの兄で、やはり脚本家のレナードから聞いた、「映画のストーリーには二種類しかない。穴に落ちたものがその穴の中で死んでしまう話か、その穴から這い出す話か、その二つだ」（p. 66）という有名なエピソードがあります。最初のパターンでは、穴に落ちて困っている主人公を観客が笑えば喜劇となり、逆に、穴に落ちた主人公に感情移入すれば悲劇となります。ですが、二番目のパターンならば、穴に落ちた主人公が苦難の末に這い出ることに成功すればアドベンチャーとなり、穴に落ちた主人公が邪悪な存在に試みを邪魔されればホラーとなります。このように考えると、前記の一見シンプルな説明には含蓄があることがわかります。

ただし、この分類にしたがった場合には、「ボーイ・ミーツ・ガール物」のような型どおりのロマンスをどちらに含むかの判断がむずかしくなります。実際のところ、筆者が学生時代にアメリカSF小説の名作と呼ばれる作品を手当たり次第に読んだときに、突如として理不尽な状況におちいった主人公が、果敢に危機に挑戦し、最後には危機を乗り越えるというプロットがあまりにも多いことに驚かされた覚えがあります。どのような物語展開のパターンが人気を博すかは、国別、あるいは時代別に調べてみることも、興味深い試みとなるでしょう。

◉社会と物語

もしも世の中は多くの、同時にそれぞれ対立する物語でできているといったならば、みなさんは驚かれるでしょうか。しかし、多くの人々は人生を意識的にせよ、無意識的にせよ、自分自身が主人公を演じる物語と考えています。自分自身を、人生という物語のどうでもよい脇役や、まして悪役と考えて生きている人は数少ないはずです。もしも活躍していれば英雄物語であり、虐げられていたとしたならば悲劇という物語の枠組みのなかで、誰しも自分自身を主人公にして人生の意味を理解しているのです。これは他人から見れば、あなたは彼らの物語のなかでは主人公ではないということを意味しています。さらに、立場が違えば、わたしたち一人一人の物語のなかで他人が演じる役割も違ってきます。ある人にとっては、あなたは自他共に認めるよきライバルであり、別のある人にとっては、野望を邪魔する悪役であるかもしれません。あるいは、ある人にとっては、あなたは唯一無二の親友であり、あるいは、別のある人にとっては、憎んでも憎みきれない復讐の相手かもしれません。こうした立場の違いによって、あるキャラクターが物語のなかで演じる役割が百八十度変わってしまう一番わかりやすい例が、戦争でしょう。このように物語には異なった解釈や役回りが存在する結果として、わたしたちの生きる人生という物語の筋立ては、どちらの側からものごとを見るかによって、どうしても対立が生まれることを避けられません。言い換えれば、社会とは「対立する物語」の間で成り立っているのです。

物語的に人生を見ることは、社会にはわたしたちが演じる役割があるという社会構築主義（social constructionism）という学問に通じています。これは、わたしたちの生きている現実とは、社会的に構築されたものであるという考え方です。わたしたちは物語をつむぎだすだけではなく、そうした物語を通じて、社会的な現実を理解するのです。たとえば、「ゆとり世代」に生まれついた若者は、「政府の気まぐれによって質の低い教育を受けさせられた哀れな犠牲者」とも、「過当な受験競争主義から逃れて考える力の養成を受けた運のよい世代」とも定義できます。自分自身が経験した同じ現実が、どのようなものの見方を取るかによって、その解釈がまったく変わってくるのです。

社会心理学者のヴィヴィアン・バー（1997）によれば、さまざまな考え方を提唱する社会構築主義者にも、四つの共通認識があります。**まず、これまで無条件に受け入れていた自明の知識に対し、わたしたちは批判的な立場を取り得ることです。**世界がありのままに存在するように見えるとしても、社会構築主義は、その見え方の前提を疑うように注意を促します。たとえば、社会的男性・女性という区分けが自然発生的に二つの人間のタイプを反映したものなのだろうか、と疑うことです。それは、社会的に構築された世界（socially constructed reality）にすぎないのではないか、と疑問を投げかけます。最近、マツコ・デラックスをテレビで見ない日はほとんどありませんが、はたしてマツコは「男性」、それとも「女性」なのでしょうか。医学的にはマツコは男性と分類されますが、その服装や発想はかなり女性的ということができます。すると、わたしたちが考える社会的な性差、つまり、ジェンダー（gender）は、自然発生的というよりも、構築されたものにすぎないとわかります。さらに、近年では、医学的な性差であるセックス（sex）さえ、レズビアン、ゲイ、バイセクシャル、トランスジェンダー、クエスチョニング（略してLGBTQ）に対する社会的な理解の高まりによって、絶対的なものではないという考えが浸透しつつあります。

第二に、知識とは、歴史的・文化的な特殊性を持っていることです。こうした理解の仕方は、知識がその時代と文化に特有で、さらに、その時代と文化の産物で、相互に影響しあうということです。たとえば、望ましい労使関係とはどのようなものでしょう。戦後の日本社会では、「立身出世」や「滅私奉公」というスローガンの下で、家族的経営のなかで忠誠心を尽くす社員によって奇跡と形容された経済成長を達成しました。ところが二十一世紀に入ると、「若者は三年以内に三割が辞める」や「がんばっても必ずしも報われない」など、雇う側も雇われる側も十分な信頼関係を持てないようになっています。今後、「能力や成果主義」に基づく雇用や給与体系が主流になっていけば、労使関係ということば自体が死語となるかもしれません。

第三に、知識とは、社会的な過程によって支えられていることです。社会的に構築される現実は、象徴的行為としてのことばを通じた相互作用（symbolic interaction）から生み出されます。たとえば、二〇〇八年アメリカ大統領選でオバマは、〝チェンジ〟や〝イエス、ウイキャン〟といったスローガンを通じて、イラク戦争とリーマン・ブラザーズ・ショックによる経済不況の結果として、保守派とリベラル派に分断されたアメリカに、変化と改革を訴えかけることに成功しました。その裏には、彼の演説のうまさとメディア映えするオバマのキャンペーン戦略と、それを支えたボランティアたちの活躍とSNSを通じたコミュニケーション戦略があったのです。

最後のポイントは、知識とそれに対する社会的行為は対応するということです。多種多様な社会的現実の構築が可能である以上、それぞれの現実は異なった種類の行為と結果をもたらします。たとえば、アルコール依存症の患者が家族にドメスティック・バイオレンスを起こしたとします。もしも彼らを「自己の行動に責任を持てる大人」とみなした場合には、適当な対応は刑罰となります。しかしながら、彼らを「薬物嗜好の結果の病人」としてみなすのならば、社会的にふさわしい行為は医学的・精神的な治療となります。このように異なった社会的現実は、わたしたちがどの現実を選択するかによって、同じ行為に対して異なった評価と対応を要求するのです。

社会構築主義では、「知識」とは、無数の物語のなかから、語り手が妥当とする要素によって作られたと考えます。自分自身の物語を語るとき、しばしば人はそのなかで現実を一般に受け入れられている物語とは異なった解釈をしているかもしれません。それでも大多数の人が納得できる物語もあるかもしれませんし、世論がまっぷたつに割れるような物語もあるかもしれません。批評家は、映画を分析するときに、どのような基準に基づいて、どのような物語が構築されていると議論すべきなのかを考えることが求められています。

◉物語の展開パターン

ロシア・フォルマリズム批評家のウラジミール・プロップ（Propp 1968）は、百編の民話の資料集積《コーパス》研究に基づいて、すべての民話は三十一個の「機能（functions）」と呼ばれる行為から、いくつかを選び取ったうえで構成されているとしました。すべてを取り込んだ民話はめったにありませんが、すべての民話は必ずこれらの機能の選択によって形づくられていると主張しています。

① 家族の一員が家を留守にする。
② 主人公にある禁止が申し渡される。

③　禁止事項が犯される（主人公は禁忌を破る）。
④　敵対者が偵察をする。
⑤　敵対者が犠牲者についての情報収集をする。
⑥　敵対者が犠牲者を人質に取るか、あるいは所有物を奪う企てをする。
⑦　敵対者は騙され、知らないうちに敵を助けてしまう。
⑧　敵対者は敵対者が家族の一員に危害を加える。あるいは、家族の一員が何かを失うか、何かを手に入れたいと望む。
⑨　不運あるいは欠落が知らされる。主人公に対して要求または指令が下される。彼は出発を許されるか、派遣される。
⑩　探求者が変激することを同意、あるいは決心する。
⑪　主人公が家を離れる。
⑫　主人公が試練、尋問、攻撃などを受けて、そのことが魔法的手段や援助者を獲得する準備となる。
⑬　主人公が将来的に贈与者となる人物の行為に反応する。
⑭　主人公が魔法的手段を得る。
⑮　主人公が探求していた対象物の在処に移動、派遣、あるいは案内される。
⑯　主人公と敵対者が直接対決する。
⑰　主人公が烙印を押される。
⑱　敵対者が敗れる。
⑲　当初の不運あるいは欠落が解消される。
⑳　主人公が帰還する。
㉑　主人公が追跡される。

㉒主人公が追跡の手から逃れる。
㉓主人公が正体に気づかれずに帰郷するか、あるいは他国に到着する。
㉔偽主人公がいわれのない主張をする。
㉕主人公に困難な課題が課される。
㉖課題が解決される。
㉗主人公の正体が明らかになる。
㉘偽主人公の正体が暴露される。
㉙主人公に新たな容姿を与えられる。
㉚敵対者が処罰を受ける。
㉛主人公は結婚し、王位につく。

こうした構造分析が示唆しているのは、限られたプロットの選択と組み合わせが、実は無限の内容的バリエーションによって魅力的な物語を生み出しているという点です。注意して欲しいのは、ある物語を読んだり観たりしたときに、そうしたプロットの組み合わせを指摘しただけでは、表層的な構造分析にはなっても批評にはならないことです。よい批評は、社会的、歴史的、文化的文脈のなかで、テクストが深層的に果たしている、分析するまではわからなかった重要なポイントを明らかにしてくれます。

第六章

ジャンル分析

Genre Theory

◉ジャンル分析の発生と進化

ジャンル分析（genre criticism）は、文学の分野で古い伝統を持つ批評方法です。たとえば、カナダの批評家ノースロップ・フライ（Frye 1957）は物語の様式に関して、主人公の行動能力による以下の五分類を提示しています。最初の様式が「神話（myth）」であり、主人公は、行動能力がわたしたちより卓越している神で、予言者や吟遊詩人によって語られて、普遍的な重要性を持っています。次の様式が「ロマンス（romance）」であり、主人公は、行動能力が他の人間よりも優れた英雄で、魔法の手助けを利用して探求の旅に出ます。第三番目が「高模倣ジャンル（high minetic）」であり、主人公の行動能力は優れていても苦悩や過ちから逃れることができない人間で、社会を新たな成功へと導く叙事詩、あるいは高貴な犠牲として社会から孤立する悲劇です。第四番目が「低模倣ジャンル（low minetic）」であり、主人公は、普通の人間として描かれていて、新たな調和と秩序を焦点として喜劇、あるいは体験の複雑さに関するリアリズム的な表象としての悲劇です。最後が「アイロニー（irony）」であり、主人公は、普通の人間より劣った存在として描かれており、偶発的で無益な苦しみと失望の罠に囚われます。

また、フライ（Frye 1957）は、神話を四つの季節ごとに分類しています。春の神話は、喜劇に通じていて、英雄の誕生、再生と復活によって代表される悪い状況からハッピーエンドへと導く物語です。同時に、それらは冬と闇に打ち勝つことを象徴しています。夏の神話は、ロマンスやユートピア（理想郷）と結びついていて、季節暦の上の全盛期で、結婚に代表される頂点に達する物語です。秋の神話は、季節暦の上の死を迎える段階で、理想的状況から主人公のつまずきや崩御によって悲劇にいたります。冬の神話は、換喩的な風刺で、その闇、解体、混沌の回帰、英雄の敗北等で代表される暗黒のジャンルです。風刺は、その他の三つのジャンルの迷いから目を覚まさせ、あざ笑う形式です。ジャンルで言えば、たとえば、ディストピア（絶望郷）映画となります。

映画産業が栄えて大量生産されるようになるにつれて、一定数の作品群に特定の類似性が見られ、映画はあるジャンルを形成するようになりました。特定の類似性とは、つまり、戦争映画といった「テーマ」（例：反ベトナム戦争映画）、私立探偵ものといった「登場人物」（例：金田一耕助シリーズ）、カンフー映画のような「アクション形式」（例：ブルース・リーの一連の作品）、スパイ映画のような「背景」（例：『００７』シリーズ）等です。アメリカの小説家ジョン・カウェルティ（Cawelti 1984）は、ジャンルを、さまざまな文化的機能を統一的な方法で実行する物語の約束事に関する構造と定義しています。聴衆は、あるジャンルに対して期待感を持つようになり、そうした期待感は彼らの反応を条件づけるようになりました。ジャンル映画は、ある特定のジャンルのファンに満足感を与えることで、製作者側に安定した収益を保証したのです。

映画のジャンル分析が発展には、右記のような背景がありました。**ジャンル分析は、あるタイプの映画の典型例となっている共通特性にしたがって作品群を集め、その共通項に関して論じる批評方法なのです。**イギリスの映画研究者ウォーレン・バックランド（2007）は、ジャンル研究は、「一群の映画作品のなかにある普遍的なもの、標準的なもの、日常的なもの、典型的なもの、馴染み深いもの、慣習的なもの、平均的なもの、広く受け入れられているものを重視」（pp. 140-141）すると述べています。ただし、映画ジャンル同士の境界線は明確に線引きされていないだけではなく、ジャンル固有の約束事も固定されておらずしばしば進化します。そのために、バックランド（2007）が説明しているように、「ジャンルに共通している特性は時間とともに変化する」だけではなく、「多くの映画作品は一つ以上のジャンルに共通する特性を持っている」（p. 142）。たとえば、アメリカの映画研究者バーナード・ディック（2010）によれば、古典的ホラー映画は、変身（metamorphosis）に関するものでした。具体的には、ある個人が、動物、虫、半人間（例：狼男）や半人存在（例：夢遊病者、幽霊、ゾンビ、吸血鬼）、悪しき分身（例：ジキル博士とハイド氏）、あるいは人工的な創造物が生命体となるフランケンシュタインの怪物の伝統を引いた映画が含まれました。幽霊、クリーチャー、二重人格者、マッドサイエンティストといったホラー映画の基本的プロットは、暗い照明、影になった横顔、溶暗変身、地下研究室等のお約束と共に一九三〇年代から四〇年代に確立しました。現在では、もっとも人気のあるホラー映画のジャンルの一つが、一九八〇年から二〇二一年の間に二十二本が作られた『13日の金曜日』シリーズに代表される、流血と暴力シーンにあふれたスラッシャー映画（サイコパスの殺人鬼が、ある集団に狙いをつけて切り刻んで次々と殺す）です。このように聴衆は、伝統的でお決まりの約束事に縛られたジャンル映画が進化し、より時代の変化を取り入れた新しいパターンのジャンル映画を求めることも多いのです。

同時に、主流派に迎合する傾向のある伝統的メディアに飽き足りなくなった視聴者は、代替メディアを求めるようになります。伝統的メディアが、社会の主流派や大衆が受け入れやすいテクストやイデオロギーを提供するのに対して、代替メディアは、異なる視点から人々の生活や社会の動きについて報告するテクストを構築しようとします。イギリスのメディア研究者スティーブ・ミラーとブレンダ・ダウンズ（Downes & Miller, 1998）は、対抗的メディアに扱われるテクストの特徴として以下の十点を挙げています。

①　主流派の制作物にはしばしば含まれないような素材が含まれる。
②　主流派ではない物語の形式が使われる。
③　主流派の形式を使って、主流派のイデオロギーに挑戦する。
④　代替的または対抗的メッセージをテクストのなかに暗号化する。
⑤　小規模企業が直面する経済的制約を反映した制作慣行が存在する。
⑥　異なった配給のシステムと特別な発表の場によって流通される。
⑦　しばしば目標として一部の小集団がうまく設定されている。
⑧　一般大衆に向けてのアピールに欠ける。
⑨　商業的成功とはあまり縁がない。
⑩　ステレオタイプに挑戦するような超越的表象や、他のテクストから排除されたような集団を含む。

最近ではあまり作られなくなってしまったヤクザ映画が、代替メディアの例にあてはまります（鈴木 2009）。ヤクザ映画は、一九六〇年代の弱きを助け強きをくじく任侠団体路線から、七〇年代の『仁義なき戦い』シリーズに代表される仲間割れや裏切りさえも描かれる実録路線を経て、八〇年代後半以降のエンターテインメント色の濃い『極道の妻たち』シリーズにいたりました。こうした作品は、一つには、暴力的描写を特徴としているのと、また国家権力の呼称である「暴力団」に対する賛美と受け取られる可能性があるため、テレビで一般向けに放送されたり全国ロードショー公開されたりすることは少なくなってしまいました。それではヤクザ映画が死滅したかというと、現在でも、レンタルビデオを通じた配給システムによるVシネマの形式や衛星放送チャンネルを通じ、ヤクザ映画は脈絡を長らえています。特に、『本気《マジ》!』、『修羅がゆく』、『仁義』など人気漫画を元にしたシリーズは、原作ファンを中心とする多くの聴衆を獲得することにも成功してきました。しかし、こうしたVシネマや衛星放送を中心としたヤクザ映画の制作が今後も続いていくとは限りません。かつて高倉健が主演した「よいヤクザが悪いヤクザをやっつける」という構図が、社会的に構築された任侠ヤクザと現実の暴力団のギャップが広がりすぎて、七〇年代に実録路線に方向転換せざるをえなかったように、現実社会における暴力団のイメージが固定化するようだと、将来的にヤクザ映画がさらに衰退する可能性もあります。

同時に、主流派であるはずのテレビ番組の刑事物も時代に影響されていることは、興味深い点です。七〇年代の人気番組『刑事クン』では、七三分けの桜木健一が背広姿で熱血漢の若者刑事を演じていました。ところが、七〇から八〇年代に一世を風靡した『太陽にほえろ!』では、七曲署の親分肌の石原裕次郎演じる〝ボス〟こと藤堂係長に率いられた伝統的キャラクターのベテラン刑事たちに、「マカロニ」、「ジーパン」、「テキサス」といった型破りな新米刑事たちがからむことがストーリーに彩りを加えました。八〇年代後半になると、タイトルからして今までは考えられない『あぶない刑事《デカ》』のような、はでな銃撃戦もいとわない舘ひろしや柴田恭平演じる刑事が登場しました。このようにヤクザ映画の魅力の一つであったはずの、バイオレンスが主流派に取り込まれたことが、代替メディアとしてのヤクザ映画を衰退させた要因の一つであったことには異論がありません。このように、ある時代には主流派であったものが別の時代には異端になったり、時代遅れになったり、ある時代に異端であったはずのものが、主流派に取り込まれたり、異端さを失ってしまったりすることはしばしば起こりうるのです。これが映画批評において、テクストと同時に、社会的、歴史的、文化的コンテクストを押さえておく重要性なのです。

◉ジャンル分析の方法論

映画のジャンル分析は、方法論的には、主に次の三段階を踏んで実践されます。**第一段階は、ある特定の映画ジャンルにおける複数の代表作品を選定することです。**このときに、「戦争映画」「恋愛映画」といったレベルでは対象が広すぎて具体的な共通項が導きだせないので、「ベトナム戦争映画」、「ブロンド美女の努力物語」などに絞り込む必要があります。同時に、あまりにも典型的でない作品を選ぶと、ジャンルに共通な性質を見つけることがむずかしくなります。こうした点で、ジャンル分析とは、主に叙述的（descriptive）批評であり、評価的（evaluative）批評ではありません。他の批評ではある理由で駄作であると評価された作品が、ジャンル批評では、B級のレッテルを貼られた映画があるジャンルの典型的な好例として叙述されうるのです。

ジャンル批評の第二段階は、選び出した複数の映画をテクストとして分析し、繰り返し現れるパターンやテーマ等の共通項を導きだすことです。扱われるテクストとしての作品数に決まりはありませんが、現実的に考えて最低二つ、最大限で五つ程度が望ましいでしょう。バックランド（2007）は、以下のように論じています。

> ジャンル批評家にとって、これら繰り返し発生するパターンは単なる形式的なパターンではありません。反対に、これらのパターンはある社会の基礎にある疑問、問題、不安、困窮、心配、そしてずっと一般的にはこの社会の基礎をなす価値観を反映しており、そして社会の構成員がそうした疑問と問題に取り組もうとする仕方を反映しているのです。そうすると、ジャンル映画が観客を満足させるのは、観客たちが解決したいと望んでいるこうした疑問や問題を解決してくれるからだ、ということになります。ジャンル映画は集団的な表現形式、社会に向けて掲げられた鏡なのであり、この社会で共有されている問題や価値観を具体化し、映し出しているのです。（p. 143）

ジャンル批評の最終段階が、導きだされた共通項の社会的、歴史的、文化的な重要性を論じることです。さらに、一度書かれたジャンル分析は、他の批評家が使うことができる枠組みとしても機能します。もしも、いったん導きだされた共通項が同ジャンルの別の作品にきれいにあてはまれば、独自のプロットや葛藤のパターン、時代背景を中心に新たな批評を書けばよいし、逆に、あてはまらなければ、その理由を説明することで批評家の「メシのタネ」となります。

二〇〇〇年以降、ブームとなっている「不条理映画」を例に、実際にジャンル分析を試みてみましょう。『バトル・ロワイヤル』(2000)、『リアル鬼ごっこ2』(2010)、『カイジ　人生逆転ゲーム』(2009)、『インシテミル　7日間のデス・ゲーム』(2010) 等の作品群には、以下のような共通項があります。

① **主人公が、突然、危険な非日常的な「ゲーム」に巻き込まれる。**たとえば、『バトル・ロワイヤル』では、東洋に浮かぶ全体主義国家「大東亜共和国」の方針によって、全国の中学三年生から毎年五〇クラスを無作為に選び出し、殺人ゲームが実施される。この「プログラム」に選ばれた生徒たちはゲーム・エリアに集団で送り込まれ、生存者が一人になるまで殺し合いを続けることを強要される。

② **主人公が、そのゲームに巻き込まれる論理的な必然性はない。**たとえば、『カイジ』(2009) の主人公は、定職にもつかず自堕落な日々を送る若者であり、どこにでもいそうな「負け犬」にすぎない。ある日、友人の借金の保証人になったことで多額の負債を抱えてしまった彼は、取立て人から、大金を稼ぐチャンスがあると話を持ちかけられて、ある豪華大型客船に乗り込む。

③ **最初にはわからなかったゲームの裏、あるいは理解不能そのものに見えた物語に潜む世界観が、ドラマの進行と共に明らかになる。**たとえば、『リアル鬼ごっこ』(2008) では、未来社会における絶対君主王国でゲーム好きの国王は、あまりにも多くの「佐藤」姓が存在することに怒りを覚え、佐藤姓の人々を抹殺するために「リアル鬼ごっこ」計画を発表する。特に、第二作ではゲームの発端となった理由がエンディングで明ら

かにされる。

④**不屈の闘志を持った主人公は、仲間と助け合いながら、最終的に生き残る。**ここで注目すべきは、生き残る主人公が特殊能力を持っていたり、特別な魔法の道具を使ったりするのではなく、ときには知恵を絞り出し、ときには仲間の犠牲によって絶体絶命の危機を乗り越えることで最終的にゴールインすることである。

こうしたジャンルの映画が流行する最大の理由に、テレビゲーム世代の社会的な成熟が背景にあることは論を俟ちません。すでに生まれたときに周りにテレビゲームがあった世代にとって、祖父母世代が小説で育ち、父母世代がテレビやマンガで育ったように、ゲームは当たり前のように身近な存在であり、自分の人生をゲームと重ね合わせて見ることにも抵抗がないのです。

同時に、日本社会で九〇年代以降の「失われた十年」「さらに失われた十年」と呼ばれたポストバブル経済の時代を生きてきた世代には、忠誠心を持って働いても報われないどころか、大企業であっても常に倒産の危機を抱えているとわかっているために、「立身出世」「年功序列」「終身雇用」といった伝統的価値観が崩壊してしまい、人々が何を信じてよいのかわからなくなってしまっています。もちろん彼らには、終身雇用制といった価値観は共有されていません。逆に言えば、「寄らば大樹の陰」という価値観で育った古い世代から、不満があるとすぐ辞めてしまうと彼らの態度が見られることにも、仕方のない側面があります。こうした不条理映画を観た若者たちが、自らの将来にさらに不安を持つようになることには疑問の余地がありません。社会状況と映画業界のトレンドの間には、相互に影響し合う関係（symbiotic relationships）が存在しています。「唄は世につれ、世は唄につれ」と言いますが、まさに「映画は世につれ、世は映画につれ」なのです。

すでに述べたように、ジャンル分析は、あるジャンルの特質を満たす作品をテクストとして選び出すことから始まりますが、批評家は、そのジャンルの定義にはまだ達していません。ある定義がすでにあって演繹法的にその定義に見合った作品群を選び出すか、あるいはある作品群があってそのなかから帰納法的に定義を導き出すかという、ニワトリが先か卵が先かという問題に直面します。しかし、長い映画研究の歴史には、すでにある程度のコンセンサスができている映画のジャンルも存在します。以下に、代表的な映画のジャンルを紹介しておきましょう。

◉映画のジャンルの例

最初のジャンルの例としては、社会的神話（social myth）としての「ハリウッド西部劇」があげられます。アメリカの社会学者ウィル・ライト（Wright 1975）は、レヴィ＝ストロースの構造主義を用いて西部劇を分析しています。神話は、二項対立構造（binary structure）を持っていて、「二つのキャラクターが、二項構造のなかで対立するとき、彼らの象徴的な意味は、両者間の差異の単純さのために、一般的で容易に理解しやすいように実質的に強制されています」（pp. 16-17）。彼は、さらに西部劇における対立構造の基本的組み合わせを明らかにしています。平等に正統的でありながら対立するライフスタイルを表象する代わりに、流れ者ガンマン、入植者集団、牧場主というキャラクターは、互いに異なる意味を持った対立の組み合わせとして提示されます。ガンマンは入植者と対立しており、社会的家庭性に対する個人の独立の代表として対照させられます。一カ所に落ち着いた家庭的牧場主は、彼らに対立している一方で、農場主は進歩と共同体的な価値観を代表しており、牧場主は自分勝手で金銭的な価値観を代表することで、善と悪の間を対照させています（pp. 23-24）。たとえば、『シェーン』（1953）は、古典的西部劇の最高傑作であるといえます。荒野から馬に乗ってやって来た流れ者であるヒーローが、農民集団を助け、ならず者をやっつけ、最後に馬に乗って再び荒野に去って行きます。古典的西部劇では、ヒーローと社会は（一時的に）社会の外部に位置する悪漢に対抗するために手を組むのです。

また、あるジャンルが別のジャンルに影響を与えることも、頻繁に起こります。たとえば、西部劇というジャンルは、

SF映画のサブジャンルである「スペース・オペラ」と深い関係があります。このジャンルは、安上がりに製作された西部劇を揶揄する呼び名である「ホース・オペラ」に引っかけて、こう呼ばれるようになりました。主人公が活躍する場が西部から宇宙空間に、馬から光速宇宙船に、悪漢から宇宙人に、拳銃から光線銃に変わっただけで、ヒーローが囚われの美女を救うという宇宙活劇のことです。実は、世界的に大ヒットした名作『スター・ウォーズ』シリーズも、こうした伝統を受け継いでいます。

最後の映画ジャンルの例は、ベトナム戦争映画です。第二次世界大戦（1939-45）までは、「自由と民主主義の守護者」であると自負するアメリカという国にとって、戦争は始めたら必ず勝つまで続けるものという神話がありました。西洋には「正義の戦争ドクトリン（Just War Doctrine）」と呼ばれる宗教上の教義に近い理論があり、アメリカ大統領の開戦演説などにはこうしたレトリックが使われてきました（O'Brien 1981; 鈴木 2010）。そのために、アジア辺境の地域紛争に関与した結果として、初めて体験した「敗戦」であるベトナム戦争のあつかいにアメリカは歴史認識において苦慮してきました。論文「ベトナム戦争映画における対立的方向感覚の喪失——戦争映画の転覆」において、アメリカのコミュニケーション学者カレン・ラズムッセンとシャロン・ダウニー（Rasmussen & Downey 1991）は、『ディア・ハンター』（1978）、『地獄の黙示録』（1979）、『プラトーン』（1986）、『フルメタル・ジャケット』（1987）という四つの問題作のジャンル分析を取り扱いました。これまでの「再生的」で「意味がある」というアメリカの伝統的な戦争神話における見方を、軍国主義と道徳主義が対立する極限状態に置かれた兵士が経験した不安定さと曖昧さを分析することで、戦争は「破壊的」で「無目的性的」であるという新たな見方を提示しています。

方法論で述べたように、戦争映画というジャンルでは批評対象として広すぎる場合でも、ラズムッセンとダウニーがおこなったように、サブジャンルを具体的に絞りこむことで、より厳密で、より興味深い分析と結論を提示することが可能となるでしょう。

第七章

物語批評の枠組み

The Narrative Approach

◉物語批評の枠組み

レトリック批評家マルコム・シラーズとブルース・グロンベック（Sillars & Gronbeck 2001）は、物語批評（narrative criticism）の目的は、物語が史実に基づき正確に語られているかを知るためでなく、それを産みだし影響を受けた社会を理解することにある、と述べています。以下に、彼らが提唱する物語分析の六つの枠組みを紹介してみましょう。これらは、映画のなかの物語分析にも役に立つでしょう。

第一のポイントが、何がテーマなのかです。たとえば、『まんが日本昔話』や『世界名作童話』などのアニメ作品を観ると、しばしば普遍的なテーマが扱われており、子どもに教訓を与えようとしていることに気づきます。「世の中には悪が存在する」、「親切さや無垢さはよい」、「努力するものが最後に勝つ」などです。同様に映画も、人々を楽しませるエンターテインメントであると同時に、描く物語を通じて、社会にメッセージを送り、人々に夢と希望、さらには教訓を与える機能を持っています。物語を聞くことからわたしたちが学べるポイントにはさまざまなものがあり、特に、役割、価値観、因果関係が重要です（鈴木 2009）。最初に役割に関して述べると、すべてがこなせる完璧な人間などいません。わたしたちは、物語を見ることで世の中が「主役」だけで成り立っているのでないことに気がつかされます。サポート役、裏方、縁の下の力持ち、知恵袋、矢面に立つ人、先駆者、尊い犠牲者などの「脇役」に加えて、「敵役」さえも、ストーリーのなかでは役割を持っています。ただし、今回のサポート役が、次回は主役になったりすることがあるように、時と場合に応じて求められている役割を演じることが大切です。ただし、その他のキャラクターが物語のなかで究極的に重要性を持つのは、主人公に対する関係においてです。彼らが表象しているのは、実際には、主人公が直面しているさまざまな場面における内面状況のある側面にすぎないのです。

次に、物語からわたしたちが学ぶことができるものは、価値観です。実際、幼少時に物語の読み聞かせをされてこなかった人は、お金や物のような物質的な物しか信じられない人間に育ちかねません。物語を通じて、友情、愛、信頼、自由等の「目に見ることができない大切なもの」を学ぶのです。しかしながら、同時に、価値観とは、それぞれの文化や社会に固有なものが育つことも多いようです。民衆の知恵である昔話には、しばしばそうした価値観が反映されています。たとえば、日本の昔話を考えてみると、「恩」という概念を抜きにストーリーを展開させることはできません。恩をその語源から考えてみると、「因」と「心」という感じから構成されていることがわかります（「先人の」2006）。因には「わけ、もと、ちなみ」の意味があり、それに心が加わると、「原因を心にとどめる」というような意味になります（p. 5）。恩を受ける、恩に着せる、恩を仇で返す、恩を売るなど、恩に関する表現は、わたしたちの日常にあふれています。『鶴の恩返し』を例に取ると、昼間、罠にかかっていたのを助けられた鶴が、夜、人間の娘の姿になって老夫婦の元を訪れます。そこでは、あえて自分の羽を犠牲にしても、反物を織り続けた鶴の行動には、「受けた恩は返す」ことが前提となっています。しかしながら、「機織りをしているところを、のぞいてはいけませんよ」という約束が破られたとき、恩のもうひとつの前提条件である個人同士の「信義（fidelity）」が破られることで、鶴は老夫婦とは一緒に暮らせなくなってしまいます。おもしろいのは、「無償の愛」アガペ（agape）を至高の愛とみなすキリスト教を信奉する西洋人には、「返すことが前提になっている好意」など欺瞞にすぎないため、恩という概念は彼らには説明することがむずかしい概念なのです。

逆に、西洋の昔話には、ホッブスやルソーが提唱した「社会契約説」の影響が見られます。人々は、最初は自然状態のなかで法律や政府が存在しない世界に住んでいたけれども、生命・自由・財産の安全などの共同的利益を認識するに及び、個人の自然権を制限し、社会全体の利益を守るために主権者を立てることに合意したとする説です（森岡 1993, p. 608 を参照）。結果として、国家を成立させる起源となった個人相互間の契約である「社会契約」という概念が、彼らには重要なのです。たとえば、『ロバの王子』では、王様が妃に子どもを授けてくれれば金貨六千枚を謝礼として払うことを森の魔女に約束しますが、妃が妊娠するとうれしさのあまり謝礼を忘れてしまいます。怒った魔女によって、王子はロバの姿で生まれてくるという物語です。興味深いのは「呪い」が、契約不履行のペナルティーとして考えられており、のちの努力次第で修復が可能な点です。性格がよく武術にもすぐれた王子は、長い苦難の旅を続けた後、出会った美しい姫の口づけによってハンサムな人の姿になることができます。日本の昔話には、殿様や若様がめったに登場しません。西洋の昔話では、主人公の王子が不幸な状況におかれた美しい姫や娘を助けるというストーリーが多い一方で、長く戦乱の世に苦しんだり搾取されたりした日本の農民がつかの間の息抜きとして昔話を語り継いだことから、こうした差異が生じているのだと思われます。

最後のポイントは、因果関係です。物語を聞いて育つことで、わたしたちはものごとの「原因と結果」を考えられるようになります。この世の中に原因のない結果はなく、原因があれば必ずなんらかの結果が生じます。たとえば、かつて駅のホームで「きちんと並びなさい」と注意されたことにキレて、注意した人の後頭部に回し蹴りをして死にいたらしめた若者がいました。もし彼がきちんと「原因と結果」を考えられる人だったなら、「むかつくが、きちんと並ばない自分が悪い」、「蹴りを入れたら、この人がケガするかもしれない」、「犯罪者になると、刑務所にいかなくてはいけないし、家族が悲しむだろう」と考えることができたら、ああした行動は取らなかったはずです。

物語の持つ役割を考えると、映画が何かの物語を語る行為は、二つのリスクに製作者側を関わらせます（たとえば、Frank 1995 を参照）。総合芸術である映画では、製作者は、監督や脚本家であるかもしれませんし、出演者であるかもしれません。一つ目が、自己の経験、感情、思考を他者にさらけ出すリスクで、引き替えに、製作者は、物語から得た知識に基づいて聴衆がよりよい理解を達成し、行動してくれるように希望できます。しかしながら、あまりにも個人的感情や解釈に基づく演出や演技をした場合、空回りしてしまった作品はメッセージの発信に失敗するでしょう。それは、第二のリスクにつながります。つまり、「話者」の物語を「他者」である聴衆は、彼らの言葉ではうまく理解してくれないかもしれないのです。さらに、聴衆は、話者の経験を歪曲して理解するかもしれません。現実社会でよくわたしたちが経験するように、他者が褒め言葉のつもりで「この人は苦労して学校を卒業して……」と言ったことが、本人には隠したいと思う過去であったり、最悪の場合、誹謗中傷と受け取られたりすることさえあるのです。

第二のポイントは、物語がどのような構造を持っているかです。どのような物語でも、出だし、中盤、エンディングというのはもっとも基本的な形式です。出だしでは、問題の背景の説明、主要登場人物の紹介等がおこなわれ、中盤では、問題の困難さと解決の方向性が示されて、エンディングでは、クライマックスが描かれます。しかし、わたしたちはさまざまな利害関係や権力関係が絡まった社会構造のなかで生きています。そうした社会関係のなかで、喜び、怒り、悩み、苦しみ、ときに他人を妬み、恨みながら、最終的には問題の解決を渇望しています。文化人類学者ヴィクター・ターナー（Turner 1986）は、社会劇（social drama）は、社会の決まり事や調和を乱す「侵害（breach）」によって始まり、その結果として生じた「危機（crisis）」を経て、立ち上がった人々による「救済（redress）」が起こり、最後に「再統一（reintegration）」、または「分裂の認知（schism）」のいずれかにより終わると論じています。こうしたパターンを知っていると、物語の内部に描かれた緊張と対立の関係は明らかでしょう。緊張と対立は、その解決手段を明らかにすることで、物語が代表している世界観を知らせてくれます。たとえば、小山ゆうの漫画を原作とした映画『あずみ』（2003）では、第一段階の侵害では、旧豊臣側の浅野長政、加藤清正、真田昌幸等の重鎮が、徳川幕府の時代における「戦を欲するものたち」として描かれています。第二段階の危機では、平和な社会を達成する上での懸念である旧豊臣方の重鎮たちの存在が招く、野盗などによる「社会不安」が描かれています。第三段階が、天海僧正の意を受けた武芸の師である「爺」によって育てられたあずみを含む孤児たちが刺客として、旧豊臣方の武将たちを暗殺していくという「救済」です。しかしながら、この物語の中心は、まだ年端もゆかない少年少女が、非情さを身につけるためにお互いに殺し合う試練であったり、大義のためには民衆が夜盗に襲われても関与を禁じられたり、刺客という役目に矛盾を感じたりしながら、成長していく数々のエピソードです。第四段階では、そうした葛藤から一度は任務を離れながら、あずみが最終的に「使命を受け入れる」という再統一によって、浅井と加藤の暗殺に成功し、最後のターゲットの真田に向かうところで物語は終わります。こうしたストーリーを分析することで、単にスーパーガールが、「冷血な殺し屋」として武将たちを殺していくのではなく、あずみが一人の人間として成長しながら、使命の重要さを受け入れるように決断する過程が明らかとなります。

ジャーナリストで作家のクリストファー・ブッカー（"Booker's" 2022）は、メタ的（より高次）な物語の筋書きとしての五段階を提示しています。前出のターナーの重点がより現実社会の構造にあてはめた分析なのに対し、ブッカーの重点はファンタジー的ともいえる物語世界における主人公の果たすべき役割に置かれています。最初が、「期待段階（anticipation stage）」で、ここでヒーローまたはヒロインは冒険に出るように誘われます。次が、「夢想段階（dream stage）」で、主人公の冒険が始まり、それなりの成功を収めて、自分が無敵だという幻想を抱くようになります。しかし、後続する「欲求不満段階（frustration stage）」で、主人公はついに敵と遭遇し、自分が無敵だという幻想は失われます。第四番目が、「悪夢段階（nightmare stage）」で、ここでプロットはクライマックスとなり、さらに悪化した状況において希望はまったく失われたように見えます。そして最終的に「解決段階（resolution stage）」において、主人公はあらゆる予想に反して困難に打ち勝つのです。こうしたファンタジー的な世界観では、解決どころか、しばしばかえって悪化してしまう現実社会に対して、苦難の末に主人公がもたらす解決によって世界が救われる物語を示すことで読者がカタルシスを感じることができるのです。

以上の分類は、必ずしもそのまま映画分析にはあてはまらないかもしれませんが、物語構造の典型的なパターンを知ろうとする際には参考になるでしょう。ただし、映画の劇作術は複雑なものであり、約二時間という時間的制約のなかで、山場を何回作るか、また「ジャンル」のお約束事は何かなど、映画批評をする場合には、脚本の書き方などを学んでおく必要もあります（たとえば、ボグラー&マッケナ2013を参照）。

第三番目の物語分析のポイントとは、キャラクターです。それぞれのキャラクターは、何が社会的に受け入れられ、何が受け入れられないかという行動を代表する「ペルソナ」（persona）と呼ばれる仮面をかぶっています（河合 1967）。ペルソナは、社会的に構築された現実のなかで、人々がどのような役割を演じるかにかかわっています。たとえば、家庭内の「やさしいお父さん」は、職業人としての「警察官」としてならば凶悪犯罪者を拳銃で撃ち殺すこともあるかもしれません。あるいは、「近所のきれいなお姉さん」は、「女子プロレスラー」としてならば絶叫しながらリング上で暴れ回るかもしれません。

どれだけ多くのキャラクターが映画に登場しようとも、すべての物語で中心となるのはヒーローまたはヒロイン以外にありえません。彼らが自己実現（self-realization）に向かって着実に成長していくにつれて、聴衆はヒーローまたはヒロインの運命に自分を同一視するのです。ここで見逃せないのは、社会的に要求されるキャラクター像は、時代の変化と共に変わってくる点です。一九六〇年代を代表するヒーローは、スーパーマンでした。普段は新聞記者クラーク・ケントと名乗っているのですが、いざ事件が起これば巨大なビルもひとっ飛びし、目から光線を発射するスーパーマンに早変わりして悪漢をやっつけてくれます。しかしながら、当時の設定では、宇宙人である彼は、地球人のために悪と戦う自らのヒーローとしての運命に悩む必要はありませんでした。

ところが、二〇世紀後半から、苦悩しない超常能力を持ったヒーローより、鍛えた肉体と秘密の武器だけを頼りに悪漢と戦うバットマンや、普段はさえない高校生で、恋や人々の過大な期待に悩むスパイダーマンのような等身大のキャラクターが人々の支持を得るようになっていきます。さまざまな悩みをかかえながら、彼らはだんだんと使命に目覚めることで人間的にも成長していきます。それでも、こうしたキャラクターは、最後にしばしば大切な人の死や挫折等に直面して悩むことになります。これは、「キャラクターの成長曲線（character arc）」と呼ばれるもので、変化、成長、終わりという三段階を通じてドラマがより魅力的になり観客の感情移入を得ることができるのです。

世界最初の批評理論書『詩学』でアリストテレスは、悲劇を定義し、文学は人間の性格を扱うと述べ、性格は行動を通じて明らかになるもので、そのために必要な段階を筋立て《プロット》の進行のなかに見い出そうとしました。ピーター・バリー（2014）は、演劇と聴衆の関係に関して、以下のように述べています。

> アリストテレスは初めて「読者中心型の」文学アプローチをおこなった批評家で、演劇が観客にどう影響を及ぼすかを明らかにしようとした。悲劇はあわれみや恐れの感情を生じさせ、主人公の苦境に共感および感情移入をさせるものだと、アリストテレスは述べている。こうした感情の組み合わせによって、彼が「カタルシス（感情浄化）」と名づけた効果が生じ、観客は主人公の危難に自分を重ね合わせながら、これらの感情を追い払うというより、むしろ働かせることで浄化するのである。（p. 22）

キャラクターの分類に関しては、ロシア・フォルマリズム批評家ウラジミール・プロップのロシア民話の構造分析が有名です。彼は、「行為領域（spheres of action）」ということばで七つの原型（archetypes）を提示しています（バリー 2014: Doughty & Etherington-Wright 2018）。

① 主人公（The Hero）：何かを探求するか、犠牲者となる。
② 敵対者（The Villain）：主人公の探求に反対したり、妨げたりする。
③ 贈与者（The Donor）：目標物を魔法の道具で提供する。
④ 派遣者（The Dispatcher）：主人公を探求の旅に送り出す。
⑤ 偽主人公（The False Hero）：偽りの主張によって主人公の成功を邪魔する。
⑥ 援助者（The Helper）：主人公を援助したり救出したりする。
⑦ 王女とその父親（The Princess and her father）：王女は、主人公に対する報酬として機能し、敵対者の策略の目標となる。父親は、主人公の努力に報酬を与えるために見守る。

キャラクター（character）とは、アクションを通じて描かれる登場人物の「性格」です。そうしたアクションを通じて、聴衆は、登場人物に共感および感情移入することで彼らの性格を知るだけではなく、その行動の社会的な意味や意義を知るのです。

無難で山場のない物語など、誰もおもしろいと思わないことに異を唱える人は少ないでしょう。**物語分析の第四のポイントが、「事態の激変」（peripeteia）です。**運命の転換点にさしかかったとき、今まである方向に動いていた物語は、まったく別の方向に動き出します。事態の激変は、個人と社会の関係の劇的な転換点を示していることが多く、自由でありたいと願う個人と、したがわなくてはならない共同体の規範の間の対立を示しています。たとえば、これまで七シーズンが作られたテレビドラマ『ドクターX～外科医・大門未知子～』では、己の実力だけを頼りに大病院をフリーランスとして渡り歩く女医を主人公に高視聴率を記録し続けました。主人公の決めゼリフは、医師免許を必要としない雑務を頼まれたときの「いたしません」と、誰もが尻込みする難手術に挑むときの「私、失敗しないので」です。前者は、納得しないことは絶対にしないという確立した「個人」としての決意を象徴し、後者は、リスクに挑まない弱体化した「(医療機関)共同体」に対する挑戦を表しています。毎回放送されるエピソードには、「事態の激変」が含まれていて、それを乗り越えることがドラマを魅力的なものにしています。

こうした転換点は、同時に、物語を展開させる「対立」を含んでいます。元々、「ドラマ(drama)」と「ジレンマ(dilemma)」は同語源であり、最初に一筋縄では解決しそうもない対立を設定しさえすれば、あとは物語が勝手に展開していきます。たとえば、シェイクスピアの代表作のひとつ『ロミオとジュリエット』は、ずっと仲の悪い名門の家系同士の息子と娘が恋愛に落ちるという設定を聞いただけで、二人の恋愛に山あり谷ありの苦難が待ち受けていると予想がつくでしょう。

物語分析の第五のポイントは、「語り部(narrative voice)」です。すべての物語には語り部が存在していて、そこに表された文化の理解は、「誰がどのような権威によって物語を語るのか」という質問を投げかけます。批評家にとって、権威とは文化を定義するひとつの方法で、語り部の声はテクストのなかに構築されていて、ある視点として考えることができます。たとえば、同時代に生きていても、「勝ち組」の立場にいるか「負け組」の立場にいるかによって、現代社会の見え方は百八十度変わってくるでしょう。つまり同じ映画を観ても、自分が置かれた立場によってヒーローやヒロインに共感したり、感情移入したりする聴衆もいれば、悪役に共感したり、感情移入したりする聴衆もいることになります。今後は、どのような理由で、聴衆がどのキャラクターに肩入れするかの研究も、映画批評の重要なテーマとなっていくでしょう。

語り部は、主に三つに分類することができます(斎藤 1993)。もっとも明白な語り部は、一人称体の物語における「私、僕、俺、アタシ」という存在です。読者がもっとも主人公に感情移入しやすいため、少年少女向け物語では、主人公が直接、読者に語りかけたり、自分の回顧談をしたりする形式を取ることがあります。そうした強みがある一方で、主人公以外の人物の心の動きはすべて彼、あるいは彼女の想像によってしか表現できないという弱点もあるため、大人向けの物語では一人称体は敬遠されることもあります。

コミュニケーション学者のジュリア・ウッド（Wood 2004）は、個人的物語を語るとは、「証し（testimony）」を彫ることだと主張しています（p. 128）。物語は、誰かの何かしらの行動が、どのような意味を持ち、何をおこない、何を信じ、どのように感じたのか、何らかに関する個人的体験に基づく発言から成り立っています。つまり、「証しを立てる（to testify）」とは、ある出来事の証人として行動することで、語り部が他人に聞かれるべきだと信ずる何かのために立ちあがって、声を上げることなのです。

個人的物語は、それ自体が「一縷の真実」です。そうした真実は、表面的に語られた内容が現実社会と対応するかもしれませんし、対応しないかもしれません。しかしながら、医療社会学者アーサー・フランク（Frank 1995）が言うように、「物語の真実とは、経験されたものだけではなく、語られたなかに経験されたものと人の受けとめ方にも同様に存在している」（筆者訳：p. 22）。結果として、個人的物語や口述歴史をおこなう側には、重要な責任が伴うのです。フランクは、「物語を他者のために語ことは、自分自身に語ること同様である。物語を語るという相互性において、話者は、他者の自己形成に対する指針を提供する」（筆者訳：p. 18）。と述べています。同時に、物語を聞く側にもリスクが存在していると、フランク（Frank 1995）は述べます。「聴くことは、むずかしい。それは、根本的な倫理行為である。物語において証人になる瞬間は、各々が他人のために存在しているときに、相互依存が必要であることを明瞭化するのである」（筆者訳：p. 25）。このように、意識を高く持って心を開き、ある話者の個人的物語に耳を傾けることは、これまで信じてきていることに変化をもたらすかもしれない危機に自己をさらすことなのです。映画にあてはめてみた場合でも、視聴した物語に影響されたり、その物語を視聴したことによって自己の考えが変わってしまったりするリスクが存在しています。製作者側と聴衆の両方が、そうした責任を受け入れることで、彼らは他者の人生に入り込むことになり、自らの人生を変える潜在的な力を持つのです。

第二の語り部のパターンは、アメリカ流ハードボイルド小説調（American hardboiled style）です。一九世紀のアメリカでは、都市と産業の発達により労働者階級が生まれ、大衆小説の需要が生まれました。純文学では、複数の人物の視点が用いられたり、時の流れが前後したりしても、知識人階級の読者は問題なくついていくことができました。しかし、労働者階級の読者には、容易にストーリーについていける形式が必要でした。探偵小説に代表されるハードボイルド小説では、主人公の視点と主人公が行動する時間の流れのなかでしか物語が進行しません。たとえば、小説家が「その探偵はドアの前で考えた。中にいるのは、美女か、それとも殺し屋か」と書いたとき、部屋の中のことは彼または彼女がドアを開けるまで読者にはわからないため、部屋の中のことは存在しないのと同じなのです。主人公がわからないことは読者にもわからないため、すべてが主人公の日を通してのみ物語が進んでいきます。そのために小説を読みつけていない読者にも、容易に物語を理解できたのです。まさに私立探偵とは、「プライベート・アイ（private eye）」なのです。

語り部の第三番目の形式は、三人称体です。たとえば、時代劇では、「その頃、京都の明智光秀は……」という風に、いきなり場面が転換するだけでなく、人物の視点が変化することで物語がしばしば展開していきます。こうした形式で書かれた物語は、読者に読み方が身についていなかったり背景知識がなかったりすると、あまり楽しめません。また、時間が前後したり、ときには敵方の視点でも物語が展開したりすることがあるため、このスタイルを用いる場合は、書き手にもかなりの力量を必要とします。

六番目で最後の物語分析のポイントは、物語中で用いられることば、文法、比喩など、社会における文化を表す「スタイル（style）」です。学者が使う専門用語を駆使した会話、体育会系の上下関係を意識した対話、上流階級の慇懃無礼な話し方等は、それぞれの人々が所属する社会や文化を反映しています。批評家は、その物語の内容と形式に、どのような文化が反映されており影響を受けているかを考えることが必要です。

コミュニケーション学者のアーネスト・ボーマン（Bormann 1985）は、「ダンス、音楽の演奏、ゲームやコミュニケーション的挿話などの社会的共同作業は、個別のパフォーマンスにおけるスタイルの違いを、つねに共同作業に関連したルール、規範、習慣、理想的な模範などに基づいたものにさせる特徴を持っている」（筆者訳：p. 10）と述べています。たとえば、国技大相撲では、取り組み前に何度も仕切りをした後に勝負が始まります。一見こうしたプロセスは不要であり、さっさと勝負に入る方が自然に思われるかもしれません。しかし、大相撲には、古代に神様同士が戦ったという言い伝えや、農業生活のなかで実りの吉凶を占い、神の心を伺う行事としておこなわれた歴史があります。そのため、横綱の土俵入りや「(「発息揚揚」を意味する)はっけよい」のかけ声などのパフォーマンスのすべてが深い意味を持っており、形式を継承することに重要な意味がおかれているのです。

ここまで説明した分析の枠組みとなる六つのポイントを知っていると、映画を観ていても、より深くその構造や効果を知ることができるでしょう。たとえば、文化人類学者のクリフォード・ギアーツ(Geertz 1973)は、「人は、自分自身が紡ぎ出した蜘蛛の糸の重要性に吊された動物である」と述べ、文化こそそうした蜘蛛の糸だと考えています。蜘蛛の糸の「重要性」は、さまざまな物語によって紡ぎ出されてきます。わたしたちが、理性、常識、能力といった価値観を具体的な行動に付与するとき、どのような活動が「意味をなす(make sense)」か、あるいはなすべきなのかという理解は、文化的に語られた物語を通じて世代から世代へと伝えられているのです。

第八章

物語論と神話分析

The Narrative and Mythic Methods

◉物語論

文芸批評家ケネス・バーク（Burke 1969）は、あるキャラクターの言語行為の動機（motive）の分析に関して、いつ、どこで起こったのかを示す場面（scene）、何が起こったかを示す行為（act）、誰によってかを示す行為者（agent）、どのように起こったのかを示す行為媒体（agency）、なぜ起こったのかを示す目的（purpose）という五つの枠組みをあてはめるペンタッド分析（pentadic analysis）を提唱しました。**ペンタッドをあてはめて映画を分析する場合には、まず数カ所の主要な物語の転換点を選び出すことから始めます。**それぞれのペンタッドは、主要な哲学分野を反映しています（Foss, 1989）。たとえば、場面ならば、精神的、文化的現象が経済や技術など物質的側面によって規定されると考える唯物論（materialism）と結びついています。行為は、むやみに理想を追わずに、常識的立場から現実の事態に対応しようとする現実主義（realism）に対応しています。行為者は、知覚された内容とは知覚した者によって知覚されていて、すべての観念を人間の心の内に還元しようとする観念論（idealism）を反映しています。行為媒体は、現実的な利益を追求しようとする実利主義（pragmatism）と結びついています。目的は、宇宙の根源的秩序や最高存在が人間の行動を判断する衝動的な力として働くという神秘主義（mysticism）の特徴を持っています。

ペンタッド分析の次段階では、五つの枠組みをテクストにあてはめて、動機（motive）の解読をおこない、言語行為の象徴作用による変化を理論化し、社会実践に移すことを目指します。バーク（Burke 1966）が述べるように、「言語の使用とは、象徴行為である（The use of language is a symbolic action.）」。実際、ことばは、二重のレベルで人々と意味の間の相互作用を起こします。辞書に載っているような表層的な意味（denotative meaning）と、暗示的だったり個人の体験と結びついたりする深層的な意味（connotative meaning）です。たとえば、「帝国（Empire）」ということばは、辞書には「皇帝が統治する国家」と意味が載っていますが、第二次世界大戦中にナチスに迫害を受けた人々には「第三帝国」を連想させたり、SF映画ファンには『スター・ウォーズ』シリーズを連想させたりするかもしれません。人々は、どのことばをどのように語るかという選択をし、いったん語られたことばは、ときに話し手の意図を越えてパフォーマンスをおこなうのです。言い換えると、語られたことばの意味は、機械的に認識されるのではなく、歴史的、文化的、社会的な文脈のなかで、人々と社会に影響を与え、説得し、ときには傷つけ、癒す機能を果たすのです。たとえば、世界恐慌の際のフランクリン・D・ローズベルト大統領は「われわれが恐れるべきは、恐れそれ自体だけである（All we have to fear is fear itself.）」の名句で人々を鼓舞しました。あるいは、マルコムXの「この国にあるのはアメリカの夢ではなく、アメリカの悪夢である」というレトリックは、当時の人種差別を受けていた黒人たちを扇動し、エブラハム・リンカーン米大統領の南北戦争の激戦地ゲティスバーグでの「人民の、人民による、人民のための政府が、この地球上から失われることがないように」という祈りは、国家の傷を癒しました。このようにことばは、単に意味を表示的に伝えるだけでなく、武器のように人々に強い影響を与え、あるいは暗示的に人々の心の傷を癒すのです。

批評方法論としてのペンタッドは、物語の転換点と支配的になっているポイントをうまく選び出せれば、初心者にも批評が書けます。また、主要な転換点が順に出てくるため、読者にも説明についていきやすい利点があります。転換点の選択後は、それぞれに、どのような重要な文化的象徴が用いられているか、あるいはどのような社会現実が構築されていたりするかを論じれば批評が成立します。ただし、転換点を適切に選ぶことに失敗すると、全体をうまく説明できなくなるため、アウトラインを作って何度か選択をやり直したり、他者と選択が妥当なものかの確認をしたりすることが必要です。たとえば、コミュニケーション学者シンディ・グリフィン（Griffin 1995）は、相棒映画（Buddy movie）及びロード映画の傑作『テルマ・アンド・ルイーズ』（1991）にペンタッドをあてはめて批評を試みています。第一の転換点では、（1）場面は、ハーランが酒場の駐車場でテルマをレイプしようとしたときに、ルイーズは女性が本気で嫌がっていることをするなと伝える、（2）行為は、ハーランが射殺される、（3）行為者は、ルイーズで、（4）行為媒体は、銃であり、（5）ここで支配的になっている枠組みは目的で、受け入れがたく、憎むべき、無礼なハーランの行為を止めさせ、彼に教訓を与えることです。

第二の転換点では、（1）支配的になっている枠組みは場面であり、テルマとルイーズが窃盗犯に六千ドルを持ち逃げされ絶望している、（2）行為は、テルマがコンビニ強盗をする、（3）行為者は、テルマで、（4）行為媒体は銃で、

（5）目的は、彼女たちがメキシコに逃避行するための資金を稼ぐことです。第三の転換点では、（1）場面は、テルマとルイーズがスピード違反で、高速道路の路肩に駐車させられる、（2）ここで支配的なのは行為であり、警官をパトカーのトランクに閉じ込めることで、（3）行為者は、テルマで、ルイーズも手伝いをする、（4）行為媒体は、銃であり、（5）目的は、逮捕されて、投獄されることから逃れることです。

第四の転換点では、（1）場面は、テルマとルイーズが、ガソリン・トラック運転手のアールのセクハラをもはや受け入れないことを決断する、（2）行為は、トラックを炎上させること、（3）行為者は、テルマとルイーズで、（4）ここで支配的になる行為媒体は、彼女たちの銃で、（5）目的は、彼の卑猥な行動に対する謝罪をさせることです。彼がけっして謝罪しないことを受けて、彼女たちはトラックを銃撃します。

最後の転換点では、（1）支配的になっているのは場面で、テルマとルイーズは三方を連邦捜査局（FBI）と警察に囲まれている、（2）行為は、車で崖を飛び降りることで、（3）行為者は、テルマとルイーズで、（4）行為媒体は、車と彼女たちの揺るぎない精神で、（5）目的は、未知の刻印である自由を獲得して、追跡から逃れることです。以上の分析から、主人公に対する共感あるいは不寛容、さらに狭量で差別的な男性に対する不信感等を抱く読者もいれば、あからさまな暴力描写を拒絶したり、否定したりする読者もいるかもしれません。しかしながら、この映画は、なぜテルマとルイーズがあのような行動を取らざるを得なかったのか、あるいは女性が社会で直面している障害や抑圧に関して、個人個人を教育する討議の道具を提供することは間違いありません（Foss 1989）。

さらに、バーク（Burke 1965）は、**堕落（pollution）、罪悪感（guilt）、浄化（purification）、贖罪（redemption）の四段階から成り立つ演劇主義《ドラマティズム》批評を提示しています。**バーク研究家ジェームズ・チェスブロ（Chesebro 2003）が述べるように、この四段階分析は、説得力のあるドラマこそが混沌から秩序を生み出すという考えに基づいています。一九九七年に公開され、世界中で興行収益新記録（当時）を打ち立てた『タイタニック』（1997）を例に見てみましょう。最初の堕落段階では、一九一二年のタイタニック号処女航海で、その名が「不沈」を象徴していることからも、安全を過信して乗客定員を下回る救命ボートしか積んでおらず、約千五百名の犠牲者という船舶史上最悪の悲劇につながります。バークは、罪悪感こそがもっとも強い人々の行動原理と主張していますが、次の罪悪感段階では、英国没落貴族で美しいヒロインであるローズが、持参金目当てに、見た目もさえず心根も卑しい資産家の男と愛のない結婚をすることが描かれています。第三段階の浄化では、ローズが、タイタニック号船内で主人公の画家ジャックに出会い、貧しくても気高い心を持った彼に徐々に心惹かれていきます。最終段階の贖罪では、ジャックは、婚約者の計略によって彼を誤って非難してしまったローズを許すだけでなく、彼女が助かることを信じて、冷たい冬の海に沈んでいきます。このエンディングでは、彼の犠牲的精神によって、ローズの魂だけでなく悲劇的状況そのものさえが救われるのです。

監督のジェームズ・キャメロン（小峯 2001）は、「世界中の観客動向のうち、日本人の女性客は平均三回は見たというダントツのリピーターなんだ。タカオ（筆者註：インタビュアーの名前）、なぜなんだ」（p. 174）という問いを発しています。演劇主義の四段階をあてはめてみると、なぜ日本人女性が『タイタニック』に、それほどまでにはまったかがわかります。読み解きのヒントは、彼女たちの結婚観です。バブル経済に人々が踊った八〇年代には、高学歴・高収入・高身長の「三高」が理想の結婚相手といわれていましたが、そんな男性は現実には滅多に存在しません。逆に、「失われた十年」の九〇年代には、高学歴・高収入の男性は家柄もよいことが多く、現実にそうした男性を目の前にしてしまうと女性は引け目を感じることも多いのです。ところが、画家志望の青年ジャックは、家柄こそ貧しくとも、水も滴る美男子であり、「貴族」の気高さを持っており、ローズにひどい仕打ちを受けても、彼女のことだけを考えてくれます。つまり、家柄と資産はあっても、見た目も心根もみにくい婚約者と比較して、ジャックは「乞食王子」であり、彼こそ虚飾と傲慢に踊ったポストバブル時代における理想の恋愛対象だということがわかります。映画のエンディングで、ジャックが自己犠牲のなかに死んでいくことで、結婚という「現実」に直面しなくてもすんだ二人の関係を描いた『タイタニック』は、日本人女性にとっては究極の「恋愛ファンタジー」だったのです。小峯隆夫（2001）は、さきほどのキャメロンの問いに対して、「（筆者註：ローズ役の）ケイト・ウィンスレットはそんなに美人じゃない。一方、（筆者註：ジャック役の）ディカプリオはレオ様と呼ばれる白馬の騎士。要するに、日本の女性客はケイト・ウィンスレットに自分を投影し、何度も幻想の疑似恋愛に耽るゲームを楽しんでんじゃあないすか」（p. 174）と答えています。このように、バークの物語論批評を通じて映画を解釈することで、わたしたちはどのように自己や他者を理想化し、どのような動機づけをおこない、どのような社会関係を望み、どのような社会的物語を構築しているのかを知ることができるのです。

◉神話分析

映画と神話の関係を知るためには、最初に、神話の意味を知ることから始めなくてはなりません。映画批評家パーカー・タイラー（Tyler 1970）は、神話は「自由で未利用な虚構であり、想像的な真実に留まるにもかかわらず、基本的で原型的なパターンは多くの多様性とゆがみを持てるのである」（筆者訳：p. xviii）としています。また、アメリカの文学者リリアン・フェーダー（Feder 1971）は、「神話とは、二つの関連した無意識的経験の基本範囲の物語構造である。第一に、神話は、本能的衝動と抑圧された願い、恐怖、人々を動機づける対立を表明している。……第二に、神話は、また物語の筋を創造する個人意識初期段階の系統的な発展の残余を伝える」（筆者訳：pp. 10-11）と包括的な定義をしています。さらに、映画研究者バーナード・ディック（Dick 2010）は、多くの神話の定義における共通項を以下のようにまとめています。

① 神話は、物語であり、そのために、物語の決まり事にしたがう（たとえば、始まり、中間、終わりという構造）。
② 神話は、無意識レベルで機能し、これまで経験していないにもかかわらず、集団的無意識のなかに入り込んだキャラクター（探求者、魔法にかけられる人と魔法使い、悪鬼、犠牲者、怪物、口を開く動物、幽霊）、テーマ（帰還の旅、探求、祖先の呪い、復讐、親殺し）、背景（洞窟、不毛の地、地下水脈、魔法の島、ぺったんこの山、不吉な城、荒れ果てた湿原、失われた世界）を提示する。
③ 神話のテーマは、普遍的である。英雄の帰還、禁じられた知識の渇望、独自性の探究、時代の到来、独裁へ

の反抗、通過儀礼、善対悪、無邪気さ対経験、報復、祖先の呪いといったテーマは、時代と場所を超越して存在する。

④ 神話とは、生と死、運命と自然、神と人間に関する究極的な真実である。（筆者訳：pp. 203-204）

映画は、二つの理由で神話との受容性が高いといわれます（Dick 2010）。最初の理由が、映画と神話はどちらも描写的言語（picture language）という同じ言語を話すからです。文字で記録されるようになるはるか以前から、神話は叙事詩を通じて口頭で、あるいは壁、壺、お椀、酒瓶に描かれた芸術作品として伝えられてきました。つまり、萌芽の時代から、口述的かつ映像的であったのです。もう一つの理由は、映画と神話は、両方共に夢と親密にむすびついているという点で、親和性が高いからです。タイラー（Tyler 1970）は映画を「白日夢（daylight dream）」と呼びましたが、わたしたちは個人的レベルで夢見るだけではなく、童話、伝説、ロマンスなどの形で集団的レベルでも夢を見るのです。こうした映画と神話の関連性に着目すれば、『マイ・フェア・レディ』（1964）は原作となったミュージカルのタイトル「ピグマリオン」でも明らかなようにギリシャ神話を、『キングコング』（2005）はわたしたちに『美女と野獣』という童話を思い起こさせます。神話分析は物語批評の一類型であり、深層心理に踏み込んだ批評が可能となります。神話には、正義と悪、男性と女性、未熟さと熟練さ、内部と外部等といったあらゆる二項対立を統合する機能がありますが、人々は無意識の内に社会におけるさまざまな二項対立の存在に気づき、それを解決することを欲しているのです。

さらに、神話学の主題の一つに、天と地という対立した世界を自由に行き来したり、既存の秩序を平気で破壊したりする「神なる道化師」を意味するトリックスター（trickster）というキャラクターがあります。文化人類学者の山口昌男（2005）は、「新しい概念、価値観が求められる時代や企業組織においては、トリックスターのように一つの組織におさまらず複数の世界で生きられる両義的存在が活躍する」と述べています。たとえば、法の埒外で行動する「悪」に対して、「正義」の側も法を遵守する必要はないと考える主人公を描いた映画は、一種のトリックスター譚（trickster tale）と呼べるかもしれません。しかしながら、悪人を成敗する権限を与えられた警官を描いたテレビ番組『ワイルド

7』（2011）や、近未来社会の法の執行機関そのものを具現化した映画『ジャッジ・ドレット』（1995）では、主人公たちは公権力の側から彼らの超法規的措置をおこなうお墨つきを与えられていました。また、漫画を原作とした『DEATH NOTE』（2006）では、「死神のノート」という超自然の力を借りて悪に死を与える夜神月と、それでは犯罪と正義の境界線がなくなると信じる探偵Lという天才同士の戦いが描かれていました。それに対して、ハリウッド映画『キックアス』（2010）では、誰もヒーローになろうとしないことに疑問をもったアメコミのヒーローに憧れる普通の少年が、「ヒーローがいないなら作ってしまえばいい」と本物のヒーローになろうと思い立ち、ネットで買ったスーツを着て活動を開始するというポストモダン的な映画です。さらに、感情を持たずに倫理観だけで悪を排除しようとする、超能力も権力によるお墨つきも持たない「美しき殺人ロボット」と非難された主人公が登場する日本映画『脳男』（2013）こそ、特別な能力も権限もない一般人が悪に鉄槌を下すという意味では、既存秩序をひっくり返す問題作であったといえるでしょう。

神話的構造の物語の表層的批評と深層的批評との比較に関して、鈴木健（1993）が一九九二年度公開の正月映画『ゴジラ対キングギドラ』（1992）を例に分析をおこなっています。この映画は、その表面的なイデオロギーにより日米両国で感情的な反発を招きました。槍玉に上がったのは、「二十三世紀に唯一の超大国となった日本は、赤字国の領土を次々に買収している。そんな日本に反発して創設された国力均等委員会のメンバーの未来人（白人二人と日本人のエミー）が、日本の国力をタイムマシンで過去に遡って衰退させようとする」というストーリーでした。映画は、「未来人が一九四五年の米国水爆実験によるゴジラ誕生を妨げ、代わりにキングギドラを誕生させる。彼らに操られたキングギドラによって破壊された日本が、その後、最貧国に落ちぶれる」と続きますが、「ロシアの水爆実験によって誕生したゴジラにやっつけられたキングギドラを、愛国心に目覚めたエミーが他の白人未来人二人を裏切ってサイボーグ化し、ゴジラを退治する」ことで終わります。こうした内容に、評論家の佐藤健志（1992）は、「私がとりあげたいのは……（この映画が）白禍論とでも言うべき徹底した排外的ナショナリズムに貫かれており、『日本人＝善、白人＝悪』というあからさまに人種主義的な図式まで成立しているという点である」と批判しました。あるいは、アメリカ雑誌*Time*

（1991）は、ゴジラは日本人をキングギドラは欧米人をそれぞれ象徴しており、『ゴジラ対キングギドラ』はあたかも反欧米映画かのように紹介しました。しかしながら、実は彼らは自らが作品中に見るイデオロギーを正当化し、そこに沈積しているにすぎません。

深層的に『ゴジラ対キングギドラ』を批評するには、ＳＦ映画の基本的プロットである「可能性の数だけ未来が存在する」という多元宇宙の構造（parallel world scheme）が理解されなければなりません。まず（キングギドラが現れない）第一の未来で、唯一の超大国日本は、（怪獣の破壊による核で汚染された）第二の未来では、逆に怪獣によって壊滅的な被害の結果として、最貧国となっています。しかしながら、未来の日本人のメカ・キングギドラがゴジラを倒した後の第三の未来の行く末は明示されておらず、どのような未来が作られるかは現代人の双肩にかかっています。ここに見られるのは、未来が望ましいものになって欲しいという「祈り」の思想です。

さらに、キングギドラは、日本神話の八岐大蛇とギリシャ神話のヒドラから生まれたキャラクターだということが知られています。つまり、この映画におけるゴジラの役回りは、須佐之男命的な「荒ぶる神」です。ゴジラは、教訓をあたえるための存在（実際、モンスターのラテン語の語源 monstre の意味は「警告する」）であり、人間の犯した行動に対する大自然の反動なのです。実際のところ、第一の未来でも第二の未来でも「日本＝善」としては描かれてはおらず、映画のなかで「教訓」を学ぶ立場になっているのは日本にほかならないのです。このように神話分析では、テクストの神話的構造を押さえる必要があり、重要なプロットを見落とした場合には、批評が表層的になってしまう危険を冒すことになりかねないのです。

第九章

記号論

The Semiotic Approach

◉ 記号論

記号論（semiotics）は、象徴（symbol）、あるいは記号（code）がどのような意味を持つかに関わる学問です。記号論研究者は、映画が象徴と記号を通じて意味を伝達する方法を強調してきましたが、普遍的パターンと原型的なテーマを発見しようとするという点では神話分析研究者と共通しています。映画批評の方法論としての焦点は、映像のなかでイメージや視覚的シンボルがどのように機能するかを考えることです。バーナード・ディック（Dick 2010）が述べるように、記号論の映画に対する関係は、言語の文学に対する関係です。作家や詩人は新たなことばを造り出し、古いことばを新たな驚くべきやり方で用いるため、言語に関する知識は、地方文学を読んだり、詩を解釈したりする際に、非常に有益です。しかし、文学は、言語学の専門用語を使うことなしに分析することも可能です。同様に、記号論も、記号論の語彙に頼ることなしに、映画を知的に論じることができますし、象徴と記号が機能する方法を明らかにすることでわたしたちの映画の理解を促進できるのです。

米国の哲学者チャールズ・パースの理論に基づき、コミュニケーション学者ポール・メサリス（Messaris 1997）は、個人が記号の意味を決定するプロセスを課題としてきました。メサリスは、主要な記号を以下の三つに分類しています。**第一が、「イコン的記号」（iconic signs）で、署名《サイン》のようにそれ自体が意味するものを示しています。**イコンは、ギリシャ語でイメージを意味する eikon 由来のことばで、しばしばギリシャ教会で祀られるキリストや聖母、殉教者の画像の意味でも用いられます。言語学では、「イコン的」とは擬音語のように、そのことばが音声的にそのもの自体を表象することを示しています。たとえば、「ギャップ」（“gap”）、「ブーム」（“boom”）のように音声が、その意味のように聞こえることばです。あるいは、写真が典型的なイコン的記号の例で、それ自体が代表するものが指し示すものを密接に表明しています。最近では、映画史上最高収益をあげた『スター・ウォーズ』シリーズに登場する「正義の騎士ジェダイ」や「悪の権化ダース・ベイダー」が、単なる映画のキャラクターを越えて、文化的なイコン記号（cultural icon）の域にまで達したといわれています。

第二が、「指標的記号」（indexical signs）で、そうした記号が持つ別の事物との関連で意味を持つようになります。たとえば、失業率というインデックス自体が「職を失った人々」を示すわけではありませんが、わたしたちは「労働力人口中に占める失業者の比率」というその指標の上がり下がりから、景気の上向きや下落の傾向を間接的に読みとります。また、あるビルの窓から立ち上がる煙は火事のサインで、体温の上昇と頭痛は風邪の兆候と考えられます。

最後が「象徴的記号」（symbolic signs）であり、もっともあいまいですが、これこそがわたしたちの言語活動を混乱させると同時に豊かにする源泉です。**象徴的な記号は、人々の申し合わせや同意に基づいて意味を持ちます。「数字」は、象徴的な記号の例で、具体的な数字と表される数の概念の間には、何の関連性も存在していません。**人々がある数字に特定の数の概念をあてはめることは恣意的な約束事にすぎません。かつてアラビア人によって用いられていた数字（ただし、最初に作ったのはインド人）が、欧州で用いられるようになり、現在では世界的「申し合わせ」になったものにすぎないのです。たとえば、0《ゼロ》という概念は数学史上最大の「発明」といわれていて、そうした概念が最初からあって「発見」されたわけではないのです。このようにパースはことばは、その意味との恣意的な関係によって、たくさんの意味を持つことが可能になったと述べています。

スイスの言語学者フェルディナン・ド・ソシュールも、記号論の発展に多大な寄与をしました。彼は、言語を「範列（paradigms）」と「連辞（syntagms）」の二種類に分けて考えました。さらに、英国のメディア研究家ジョン・フィスク（Fiske 1989）によれば、範列は使用されるべき一つを選択できる一連の組み合わせを指しています。たとえば、アルファベットは一つの範列であり、数字は別の範列に属しています。さらに大きなレベルで考えれば、すべての言語は一つの範列に属しており、各国の言語はそれぞれの人々に用いられる副次的範列（subdivisions）に属しているのです。

同時に、わたしたちは他人とコミュニケーションをとるときに、適切なものを複数の範列から選び出して用いています。たとえば、医師は「医療の範列（medical paradigm）」からことばを選び、弁護士は「法律の範列（legal paradigm）」からことばを選んで用いています。しかしながら、一般人が医療行為に関して雑談する場合、同じ話題であっても専門家が用いる医療や法律の範列からことばを選び出すことはありません。日本でも一九九六年から放送されたアメリカのTVドラマ、「救急室（emergency room）」を意味する『ER』がヒットした理由の一つが、通常、一般人が知らない「医療の範列」を垣間見ることができたからです。ただし、医療の専門家が『ER』を見れば、おかしなことばづかいがあるかもしれませんし、ある医療専門家が監修したとしても、他の医療専門家が同意しない言い回しも出てくるかもしれません。ここで重要なのは、必ずしも『ER』で用いられている範列が、現実の医療現場で使われているものと同一でなくとも、わたしたちが考える「医療の範列」のイメージに合っていればよいという点です。

またフィスクは、わたしたちがある特定の状況で、どのことばを選択するかの重要性を強調しています。なぜならば、どの組の意味を選択するかは、選ばなかった組の持つ意味によっても大きく影響されているからです。あることばがある状況において適切や効果的なのは、他のことばが不適切だったり逆効果であったりすることを同時に示唆しています。メディア研究者アーサー・バーガー（Berger 1998）は、こうした考えを一歩進めて、排除された反対のことばにも重要な意味があるとしています。たとえば、婚約指輪の宣伝で男性が女性に贈り物をしているシーンは、結婚が異性間のものだと示唆しており、同性愛者を結婚から排除しているとも考えられます。

次に記号は、ことばの組合せによって生じる意味である連辞としても分類できます。単一のアルファベットを連辞から組合せたものが単語で、単語を連辞から組み合わせたものが文です。さまざまな写真を連辞から組み合わせたものが、かつて「活動写真」と呼ばれた映画であり、さまざまなプロットの展開と会話を連辞から組み合わせたものが小説です。注目すべきは、範列の場合、言語事実を過去から現在の長期間の流れに基づいて縦断的に歴史研究することが必要です。それに対して、連辞の場合、ある特定の集団に関して、ある一時点におけるデータを収集して、横断的に歴史研究することが必要だという点です。先ほどの例でいえば、医療の範列は、インフォームド・コンセントという「説明に基づく同意」という概念が導入された際に、医師は複数の治療方法の可能性がある場合、それ以前までとは異なり医療の範列は医師が患者に対してそれぞれの治療方法のメリットとリスクを説明する義務を負うように変更されました。

イコン的記号と指標的記号も重要ですが、もっとも重要な記号は象徴的記号がどのようにして意味を持つようになるかです。こうしたシステムは、コード（code）または符号と呼ばれます。フィスク（Fiske 1990）によれば、コードはサインが統合するシステムです。コードは、「英語」といったように特定の言語的なメッセージを明らかにする絶対的なコードがあるのではなく、文化のなかに多くのコードのバリエーションが存在します。つまり、特定の文脈における特定の話し方や書き方が役割を演じることになるのです。実際、記号論学者ウンベルト・エーコ（Eco, 1976）は、コードを文化によって与えられるルールのシステムと定義しています。ある特定の集団の人々について考えてみれば、物事が意味を持つことを決定するルールに充ち満ちていることに気づくでしょう。たとえば、日本では子どもの頃から十二支に親しみ、自分の干支をしばしば意識させられたり、干支ごとの性格などを教え込まれたりします。わたしたちは、日常出会う記号の意味を決定するさまざまなコードが切り替わる生活を送っています。たとえば、放送コードは、テレビ番組で放送できない禁止用語を定めることで、放送できる範囲の理解を可能にしています。科学的なコードは、化学記号H2Oが水でありCO2が二酸化炭素だとを理解することを可能にしています。ドレス・コードは、どの服がある状況にふさわしいかを知ることを手助けしています。さらに、儀礼コードは、冠婚葬祭の儀式的な意味を知らせています。このように、わたしたちは学校や家庭、あるいは大衆文化を通じてこうしたコードを学習するのです。あるいは、ヤクザは入れ墨を「ガマン」と言い換えますが、あえて痛い思いをして、堅気に恐れられるシンボルを自己に背負わせるという意味が「稼業人」には共有されてます。同時に、入れ墨は、英雄や神話世界の人物を自らが背負うことで、超自然的な力を自己のものにしたいという願望の表れでもあります。このように、内部の構成員にだけ理解できる隠語（secret language）を意図的に使うことで、外部から阻害された世界を作り上げて、内部の結束を強固なものにしようという狙いがあります。これはバークが、「否定による肯定（affirmation by negation）」と呼ぶプロセスで、外部からの迫害や批判が強ければ強いほど、内部の構成員たちの結束はそれだけ固いものになります（鈴木 2011）。映画『修羅の群れ』（1984）では、ある大組織の首領の息子がヤクザになる決心をした証として家族に内緒で背中に入れ墨を入れてしまい、それを風呂場で発見した堅気の祖母が悲鳴を上げてしまいます。一度、入れ墨を入れてしまうと、もう堅気の世界には戻れないことを象徴するシーンとなっています。

　しかし、あることばの人々に対するひとつの意味が、別の人々に別のことを意味するとき、符号はわたしたちの理解を手助けするどころか、むしろ逆の方向に働きます。こうした意味を決定しようとする争いは、「コードの混乱」（code confusion）と呼ばれます。そうした混乱が生じるには、さまざまな原因があります。第一の原因は、特定の記号が持っていた意味が、別のものに変化することがあるからです。また、ある記号は同時に複数の意味を持っていたり、複数の異なった記号が同じものを意味したりします。ある符号を普通のことばに「解読（decipher）」するのは、ときに暗号を解くようにむずかしいことなのです。実際、しばしば複数の集団が同じ記号に異なった意味をあてはめようとする争いが起こることがあります。「革命家」という記号に、彼ら自身は「自由の闘士」という肯定的意味をあてはめようとするのに対し、独裁者は「テロリスト」という否定的意味をあてはめようとします。あるいは、ヤクザ組織は、警察からは「暴力団」という犯罪組織としての否定的レッテルを貼られていますが、自分たちは「任侠団体」という肯定的呼称を用いているのが一例です。

このような記号論に関する理論を踏まえると、象徴的記号としての「海賊」の理解なしに、ディズニー映画『パイレーツ・オブ・カリビアン：ワールド・エンド』（2007）が大ヒットした理由は理解できません。本来、海賊は、他の船舶を襲撃してクルーや乗客を人質にしたり財宝を略奪したりする犯罪者集団で、愛すべき存在ではありません。しかしながら、彼らは、しばしば映画や小説ではヒーローとして描かれてきました。こうしたイメージが構築されたのは、文学作品の影響があります。国際政治学者の竹田いさみ（2007）によれば、『宝島』、『ドン・キホーテ』、『ロビンソン・クルーソー』、『ガリバー旅行記』などで形作られた「イメージ」が固定化して、連綿と受け継がれていったのです。謎を解く鍵は、一八世紀にあります。第一に、一七世紀末から一八世紀前半は海賊の黄金時代と呼ばれ、英、仏、オランダ、スペインなどが海の覇権を競っていました。当時の海賊は、富裕層の投資対象であり、投資した海賊が敵国の財宝を持ち帰れば、投資家には多額の利益がもたらされました。第二に、海賊は戦争時には海軍の指揮下に入り、祖国防衛の最前線を担ったため、そこに愛とロマン、自由と連帯などのメッセージが付加されました。最後の理由は、当時の欧州は「超格差社会」であったために、下層階級市民の閉塞感や不満が、海賊の持つ自由、冒険社会、ロマンへの憧れをかきたてました。竹田（2007）は、「日本の『任侠』の世界にも似て、歴史的に形成された海賊の幻想は、今日、ディズニー映画などによってパワーアップされ、これからも生き残って行くであろう」(p. 15) としています。このように、メディア時代においては、構築された「象徴的な記号」が、しばしば「実体」を越えて人々の間に広まっていくのです。

第十章

社会批評

The Sociological Approach

◉社会批評

映画のテーマ、構造やキャラクターに焦点を置いて、テクスト分析をするだけが批評のアプローチではありません。テクストを成立させている歴史的、文化的、社会的文脈《コンテクスト》に焦点を当て、社会批評（social criticism）をすることも重要です（Bywater & Sobchack 1989）。どれだけ小さな共同体が映画のなかで描かれていたとしても、それは社会組織の一部で、公的活動、冒険、ロマンス、喜劇、スペクタクル（目を見張るような見世物）へのわたしたちの渇望を満たすことを目指しています。同時に、映画は、ファンの個人的意識、あるいは無意識状態に影響を与える心理的現象としても分析できます。たとえば、社会学的に、特定の映画や一群の映画が、規範（norm）、価値観（value）、理想（ideal）、神話（myth）、そして個人的体験を構造づけるような世界観（world view）をどのように形成し、反映しているかを分析できます。あるいは、心理学的に、映画を個人的夢とみなして、どのような芸術家の精神を啓示しているか、あるいは共有された集団的夢とみなして、ある文化の精神における恐怖や望みをどのように偽装されたり、無意識下にある夢が満たすために演じていたりするかを分析できます。

バイウォーターとソブチャック（Bywater & Sobchack 1989）が述べるように、社会学者と心理学者がこうしたアプローチにおいて、ある基本要素を共有しています。つまり、「映画は、美学的な性質よりも文化的、精神的な啓示のための社会的道徳観（social mores）として重要であり、彼らは、しばしば難解な映画よりも大衆的な映画を取り扱う。彼らの仕事は、めったに美学や道徳的責任に基づく階層制度を確立したりはしない。その代わりに、ある映画が別の映画よりもすぐれているかに関しては冷静に評価を避けながら、通常は記録し、説明するのである」（筆者訳：p. 111）。

このような歴史的、文化的、社会的文脈に中心を置いた**社会批評の目的は、一つには自己を形成する人間関係を分析し、あるいは社会におけるさまざまな権力関係（power relationships）を知ることです**（Sillars & Gronbeck 2001）。三つのキーワードがあります。**最初が「社会性（sociality）」で、人間は自己確認のためには、他者とのつながりを必要とするという概念です。**どんな人間も一人だけでは生きていけず、家族、友人、組織等との関係の形成と維持を必要とします。また、自己存在確認に不可欠な社会的アイデンティティは、他者との関係性のなかで、肯定あるいは否定的に価値づけられます。「クラスの人気者」は肯定的アイデンティティの例であり、「いじめられっ子」は否定的アイデンティティの例です。**第二のキーワードは、「社会における関係性（relationships）」です。**わたしたちは、年齢・ジェンダー・地域社会における人間関係、親密な相互作用をもたらす対人関係、役割・肩書き・らしさなど、組織を通して作られる構造的関係のなかで生きています。**三つ目のキーワードは、「構成された関係（constructed relations）」です。**社会構成とは、わたしたちの関係性に意味、重要性、価値といったシンボルを割り当てる行為でもあります。そうした象徴は、時代や文化が変われば変わっていきます。たとえば、大学生は、昔ならば「最高学府に通う知的エリート」でしたが、レベルを気にしなければ希望者すべてが入学できる全入時代を迎えて、今では「単に大学に通う若者」という意味しか持たなくなりました。また、社会的に構成された現実（social reality）は、ときには当然と考えられ、ときには隠れた意味を持ちます。たとえば、以前なら「男と女」しかなかった社会的性差（gender）は、レズビアン、ゲイ、バイセクシャル、トランスジェンダー、クィア、またはクエスチョニング（LGBTQ）の人々が顕在化するようになった結果として、必ずしも二分化できないのではないかという認識に変わってきています。

社会批評の枠組みを用いて、一九八〇年から二〇二四年までに四〇作品以上が作られ、国民的アニメと呼ばれることも多い藤子・F・不二雄原作の映画『ドラえもん』を分析してみましょう。基本的なストーリーは、運動もスポーツも苦手な野比のび太が、未来から来たネコ型ロボットのドラえもんが取り出す発明品によってさまざまな問題から救われるというものです。こうした内容は、社会的前提が違うとまったく異なる評価をされます。たとえば、アメリカやドイツでは、原作『ドラえもん』は人気がなく、アニメもほとんど放送されたことがありません。なぜならばキリスト教が文化基盤となっている国では、「自助努力（self-help）」という考えが重要視されるためです。こうした文化圏に所属する人々にとって、のび太の困ったことがあればドラえもんに頼るという他力本願的態度は許しがたいもので、子どもの教育上望ましくないと考えられます。ところが、アジア文化圏の人々にとって、困ったことがあれば未来の発明品で助けてくれるドラえもんはありがたく、「夢」のような存在です。また、見方によっては、いじめっ子ジャイアンやスネ夫といじめられっ子のび太の関係も友達の域を出ておらず、原っぱで遊んだりするほのぼのした関係です。近年では、日本の若者の間で、かつてかわいそうと思われていたのび太は、かわいいガールフレンド源静香と最終的に結婚できており、ジャイアンやスネ夫とも大人になってからはいい友人関係を築いており、実は「勝ち組」ではないかという評価が高まっているのです。

このように社会批評の対象は、何がわたしたちの社会的自己を組み立てているか、日常・非日常の生活に作用する関係の構造は何か、人間がどのようにお互いの関係を作っているかです。こうした批評をおこなうことで、ある社会における自己同一性、結びつき、服従、優越の関係の構造と意味を知ることができるのです。

◉カルチュラル・スタディーズ

カルチュラル・スタディーズは、一九八〇年代に英国バーミンガム現代文化研究所を中心に発展しましたが、固定化されたコミュニケーションを目指すテクストより、文化が生み出されて維持されるプロセスに関心を持っています。つまり、テクストが創造される過程、受け手の置かれた状況、その時代に支配的なイデオロギー、これまでに存在してきた意味、競争関係にあるテクストの意味を、徹底的文脈主義（radical contextualism）を通じて明らかにしようとします。大衆文化とは、抑圧された集団が自らに自立心を与えて従属化に抵抗する「闘争の場（a site of struggle）」なのです。そのために、**カルチュラル・スタディーズの使命は、日常生活の地形、その内部の特殊な立場、強大な力により形成されたものとの関係を構築する経済的、文化的、政治的代理人と代理権の分析と特定化です。同時に、支配的構造がどのように社会の主流からはずれた人たちの政治的、唯物的文化生活に影響を与えているかを知るための批判的視点の提供です。**カルチュラル・スタディーズを用いた映画批評は、物語的テクストという分析対象を、文脈を含んだイベントをテキストとする形で、わたしたちが分析することができるテクストの概念を拡大してくれます。

カルチュラル・スタディーズと批評の関係を知るためのキーワードを説明してみましょう（Borchers 2006; 鈴木 2009）。

最初のキーワードが、「超越的表象（representation）」です。かつてメディア批評家は、何かを描写する正確な方法や描写可能な実体があると考えていました。リプレゼンテーションとは、文字どおりならば「再現在化する（re-present）」ことのはずですが、オリジナルがそのまま再現されることなど、現実にはありえません。なぜならば支配する側と支配される側、構築されたイメージを報道する側と報道される側、社会的弱者と強者の利害関係等、現代社会にはさまざまな力関係、思惑、意図が働いています。そのために、カルチュラル・スタディーズは、歪曲された意味に対して、判断基準となる「本質的で、固定化された真実の意味を持った出来事などありえるのだろうか」という問いを発します。意味とは、つねに論争をはらんだ存在なのです。意味は、その出来事自体の一部であり、出来事を構成する要素なのです。

第二のキーワードが、「意味付与過程（signification）」です。意味は、固定化されていたり、何らかの形で設定されていたりするものと考えられるべきではありません。意味とは、ことばに辞書の意味をあてはめるような単純作業ではなく、意図的にある特定の解釈を生み出す象徴的行為なのです。バーミンガム大学現代文化センター所長だったスチュワート・ホールは、「誰が、どの意味を、誰に対して流通させる力を持っているのか」という問いを発します。同時に、何が伝えられているかと同様に、何が欠落しているかを見ることが大切です。残されたものや話されなかったものが、意味の創造のポイントを示すことがあります。さらに、意義づけのプロセスは、アイデンティティの主張を伴います。ホールによれば、自分自身をイメージのなかに投影させるからです。イメージは、特定の意味を持っているのではなく、ある一定範囲の意味を持っている。そのイメージに関連したわたしたちの立場が、どの意味を与えるかの選択を決定する。意味はつねに文化のなかで論争をはらんでおり、あるものがどの意味を持つかには、力を持った集団間の闘争がからんでいるのです。

第三のキーワードが、「アーティキュレーション（articulation）」です。この言葉には、通常、二つの意味があります。最初の意味が「明瞭に発話する」で、もう一つが「接合」です。後者の意味が、ホールが意図するものに近いですが、前者の意味も意識されています。アーティキュレーションとは、「ある状況下における、二つの異なった要素の結合を可能とさせるような、言外の暗示的意味の形式である。それは、不必要で確定されていない、絶対的でも必須でもない結合（linkage）である」、とホール（筆者訳：Hall 1986）は述べています。意味は表明されなければならないため、つねにその結果として、特定の文脈、特定の歴史的状況、特定の言説のなかで表明されます。たとえば、宗教です。宗教と政治の間には必然的なむすびつきはなく、宗教は、支配的政治権力やイデオロギーとは一線を画す形で存在が可能です。しかしながら、戦時中の日本でも「大日本帝国」が国家神道と結びつく形のアーティキュレーションがおこなわれ、「大東亜戦争」が正当化されたのが一例です。

第四番目のキーワードが、コードです。具体的には、符号化のプロセス「エンコーディング（encoding）」と復号化のプロセス「デコーディング（decoding）」です。古典的コミュニケーション・モデルでは、送り手がメッセージを符号化し、受け手が送り手の「意図した意味」を理解すると考えられていました。こうしたモデルでは、「正しい」と「誤った」意味の区別が可能なだけでなく、受け手が、送り手のメッセージを正確に読み解けなければ「誤解」が生じたと考えて、双方が誤解を解くための努力をして、同じメッセージを共有することを目指すべきだとされました。しかしながら、カルチュラル・スタディーズでは、送り手は、あるやり方でテクストを符号化し、受け手は、複数のやり方でテクストを復号化できると考えます。受け手の体験、知識、態度、人種やジェンダーなどの社会的立場の違いが、どのようにテクストを読み解くかを決定するのです。実際、立場の違いは、真逆のストーリーとその解釈を提供することがあります。たとえば、もしも『鬼滅の刃　無限列車編』（2020）で、主人公の竈門炭治郎と彼が所属する鬼殺隊に共鳴するなら、総元締めの鬼舞辻無惨に率いられた鬼たちこそ平和を乱す憎き存在であり、何としてでも排除すべき対象です。一方、鬼の視点に立つとかつて人間だった頃の記憶もよみがえり、鬼への憐憫も湧くかもしれません。ところが、もしも『東京喰種　トーキョーグール』（2017）で、水とコーヒー以外「人体」のみしか摂取できない喰種とあるきっかけで半喰種になってしまい人と喰種の狭間で葛藤する主人公カネキに共感するなら、悲しい性を背負った彼らを問答無用に追い込み駆逐しようとするCCG（喰種対策局）の捜査官たちこそが悪役という構図が成立するのです。

最後のキーワードが、「主体の立場（subject position）」です。テクストは、異なった読み解きが可能なため、聴

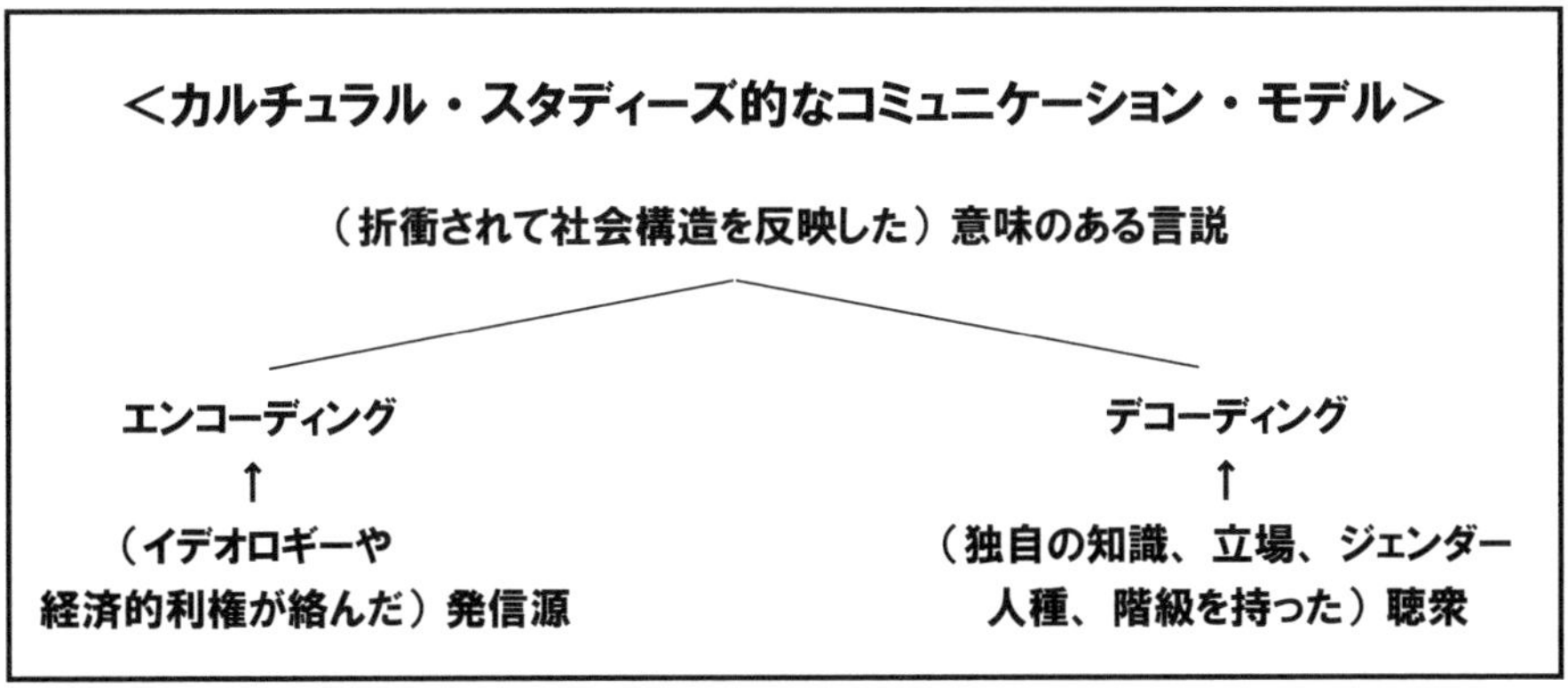

Timothy Borchers, *Rhetorical Theory: An Introduction*, 2006. より作成

衆はテクストに対し異なった主体的立場を取りうるのです。主体の立場とは、わたしたちがテクストを読み解くために取る立場や役割、ものの見方です。ジョン・フィスク（Fiske 1996）は、三種類の主体の立場を提唱してきました。最初の立場が、「好ましい主体の立場」で、支配的イデオロギーに同調し受け入れる読み手によって作られます。こうした立場は、しばしば当たり前とみなされてしまい、疑問を呈されることがありません。こうした立場は、聴衆が自らを支配的なイデオロギーに従属させていて、支配層にとって都合のよいことが多いのが特徴です。次の立場が、「折衝された主体の立場」で、聴衆がテクストのイデオロギー的なメッセージを受け入れないまでも、完全に反対する立場もとらない場合です。しばしば、テクストには、自分たちの利害や主体の立場に適合するやり方で「符号化」する方法が存在します。最後の立場が、「対立的な主体の立場」で、支配的なイデオロギーのメッセージに抵抗するようなテクストの読み解きをおこないます。しばしばテクストは、聴衆の反発を強化して、彼らの返答を動機づけます。たとえば、一九八〇年代に放送されたスタミナドリンク、リゲインのＣＭには三種類すべての主体の立場を当てはめられます。時任三郎が「二十四時間戦えますか？　ビジネスマ〜ン、ビジネスマ〜ン、ジャーパニーズ・ビジネスマ〜ン！」と歌い上げるＣＭは、「好ましい主体の立場」からなら、バブル景気に共感し、熱烈に会社のために働くことを是とする意味に読み解けます。しかしながら、「折衝された主体の立場」を取るならば、家庭を顧みる余裕や余暇を楽しむこともできないさびしいビジネスマンの状況を嘆いた、逆説的意味にも読み解けます。

さらに「対立的な主体の立場」を取るならば、「ビジネスマン」と最初から女性を排除した性差別的な意味を読みとることも、受け手の自由なのです。重要なのは、どの意味を選ぶかによって、わたしたちのアイデンティティも選択されるという点です。

次に、カルチュラル・スタディーズ批評を二〇一八年に公開され、翌年のカンヌ映画祭で最高賞パルム・ドールを受賞した『万引き家族』（2018）にあてはめてみましょう。『万引き家族』の主人公一家は、東京の下町にある古い平屋に、家主の初枝の年金目当てに、治と信代の夫婦、息子の祥太、信代の妹の亜紀が暮らしています。初枝の年金では足りない生活費を万引きで稼ぐという、最貧困層にいる一家でしたが、笑いが絶えない日々を送っています。ある冬の日、近所の団地で震えていた幼い女の子を見かねた治が家に連れ帰り、娘として育てることになります。そして、ある事件をきっかけに、家族それぞれが抱える秘密や願いが明らかになっていくという物語です。徹底的文脈主義の観点から分析すると、ここで描かれている社会的文脈は、現代日本のセーフティネットの機能不全と偽善です。日本は世界第三位の経済規模を享受しながら（BBC 2019）、実は、貧困児童率に関しては先進国中で最悪の水準になっています（"Japan ranked" 2016）。映画のなかで、治は工事現場でケガを負って働けなくなりますが、労災適用にならなかったために、生き延びるために万引きという手段に訴えざるを得ない状況に追い込まれます。

次に、結合分析（conjuncture analysis）を用いて、『万引き家族』に登場する主要人物の家族関係性を見てみましょう。カルチュラル・スタディーズにおける徹底的文脈主義は、「断片化され、矛盾した複数の軸線、企てと物差しを伴い、継続的にさまざまな実践と闘争と折衝の過程を通じて一次的均衡を探求する社会構成の描写」（筆者訳：Grossberg 2006, p. 4）としての結合に関わっており、ローレンス・グロスバーグ（Grossberg 2006）は、結合分析は二つの関連した問題を提示すると語っています。

第一の責務は、「いつ、どのように我々がある状況から別の状況に移動しているのか／いないのかを判断する」ことである。……次の、厳密に関連した問題は、すべての分析が古いものと新しいもの、（……）馴染みがあるものと異なったもの、有機的なものと状況的（あるいは偶発的なもの）の間の正しい均衡を取るように試みなければならないと要求するのである。（筆者訳：p. 5）

結合分析の第一段階で考えると、『万引き家族』の主要キャラクターは、生活に困窮する家族から、生存のためならあえて犯罪にも手を染める家族へと移動します。さらに第二段階では、自らの意思で結ばれた家族を作ることを決心します。伝統的家族関係は、血縁関係という絆によって結ばれており、彼らは好むと好まざるにかかわらず、自分の家族を選択することはできません。しかしながら、『万引き家族』の主要キャラクターが生活する状況では、経済的に生き残るための必要性から家族になり、その関係性を維持していきます。その関係性のなかから、彼らは自らの意思で結ばれた家族こそが、たとえ彼らの同意に基づく不安定な社会的絆であったとしても、生物学的な家族よりも強い一体感を与えることを悟るのです。

最後に、『万引き家族』に認知地図（cognitive mapping）をあてはめて、批判的分析の枠組みとして活用してみましょう。認知地図とは、個々の主体が広漠で、象徴不可能な統一体のなかで彼ら自身を位置づける過程であり、イデオロギーの機能に対応する過程でもあります（Jameson 1990）。フレドリック・ジェイムソン（Jameson 1990）が述べるように、求められているのは、現在に関する認知地図であり、それは真の歴史性を再注入します。なぜならば、そうした考えは、個々の主体の側における状況的表象を可能とするからです。実際に、映画のクライマックスで、ある警察による治の取り調べの場面で、「子どもに万引きさせるの、後ろめたくなかったですか」と尋ねられた治は、「他に教えられること、何にもないんです」と答えています。この会話は、なぜ弱者が生き残ろうとしたならば、たとえ非合法的であると知っていてもそうした手段に訴えざるを得なかったのかを説明しています。こうした社会的自己認識ともいえる新たな階級意識こそが、常に変化し続ける資本主義という都会の風景のなかで、わたしたち自身と他者の社会的立場を見る新たな視点を提供するのです。認知地図を通して、「現実にそうでない自分」ではなく、「まだそうでないが、なれるかもしれない自分」を見つけるための空間を分析し、洗練された視点を実践することができます。それは映画のなかの存在である以上、安全ではあるが、同時に挑発的でもあるのです。

第十一章

精神分析批評

The Psychoanalytic Approach

◉精神分析学の父フロイト

精神分析（psychoanalysis）を用いた映画批評は、ジークムント・フロイトやジャック・ラカンの理論の応用によって、一九六〇年代後半から七〇年代にかけて隆盛を迎えました。具体的には、すべてのテクストを兆候とみなし、完成物でないことを前提とし、その兆候を換喩（metonymy）による反復でしかないことを示そうとします。あるいは、カール・ユングの深層心理学を用いて、隠喩（metaphor）や原型（archetype）を通じて無意識の領域を読み解く方法論もあります。

精神分析の始祖フロイトは、心には三つの領域があると考えました。まず、イド（id）は、原始的な衝動が宿っている場所であり、無意識的な精神活動の源です。わたしたちは「悪魔の誘い」に悩むことあり、そこは押さえられない衝動や隠れた願望がある場所です。次の領域が自我（ego）で、人と現実の仲立ちをおこない、適応したり変化したりできます。子どもは、だんだんと自我が発達し、「一人の人間」になります。自我は、イドに対して無意識的な抑圧もおこない、超自我（super-ego）は単なる「良心」と異なって、社会的な良識、道徳心、ルールなどが内面化されたものです。よく映画では、悪魔の誘いに対し、超自我の象徴として「天使の諫め」が出てくることを思い起こしてみてください。

精神分析では夢分析がよくおこなわれますが、フロイトは「夢は無意識への王道」ということばを残しています。彼は、夢の業《わざ》（dream work）がおこなわれる四つの方法を明らかにしています（Wood 1976）。圧縮（condensation）、置き換え（displacement）、反転（inversion）、脚色（dramatization）によって、潜伏性の意識は現れた夢に顕在化します。解釈は、夢の業の粉砕を目指しています。それは、プロセスを逆転させて、顕在化したメッセージを作り出した潜在的メッセージを見つけようとすることです。それぞれのプロセスを、デビット・フィンチャー監督の『ファイト・クラブ』（1999）を例にして、以下に説明してみましょう。**最初の夢の業が、圧縮です。**すべての批評家は、テクストが人の経験が凝縮された形式だと理解しています。人の精神は、無意識を抑制し、聞き手、読み手や視聴者を視覚的な情報から隠すために状況を圧縮します。夢のなかで共通の効果を持つイメージ群は、単一イメージに集約されています。『ファイト・クラブ』では、「僕」という語り部の視点で物語が進行します。主人公は、高級コンドミニアムに住みブランド家具に囲まれて暮らす自動車会社員です。強迫観念となっている高級品志向によって、彼は物質的には何不自由無い生活を送っていますが不眠症に悩んでいます。ここで「圧縮」されているイメージは、資本主義社会の抱えるジレンマです。第一段階では、高収入を得るために、自身自身を企業の歯車の一つとして売り渡すのみならず、せっかく得た収入も贅沢品の購入という形で還元しなくてはならないという悩みです。無意識レベルで、自分が不自由な生活を送っていることに気づいている主人公は、不眠症という代償を受けています。リッチな人々の活動の象徴である精神科医の相談を受けた主人公は、「世の中にはもっと大きな苦しみを持ったものがいる」と言われて、睾丸ガン患者の集いを紹介されます。集いに参加するようになり、参加者の悲痛な告白を聞いた主人公の不眠症は改善します。ここで、主人公は睾丸ガン治療薬の副作用でおっぱいがふくらんでしまった男ボブに出会います。

何不自由のない偽りの生活の肯定によって矛盾を無意識下に押し込めたため、次に「僕」は第二段階の圧縮に苦しむようになります。自己セラピーがエスカレートした主人公は、末期がんや結核患者の集いにも通うようになりますが、さまざまな集いでマーラという女に出会います。自分同様、偽患者にしか見えない彼女が会に参加することで、再び主人公の不眠症は悪化し始めます。ここでマーラは、無理矢理抑圧された彼の反面教師のような存在で、「僕」は自分が出るべき集いと彼女が出るべきセラピーの分担を申し出ますが、元々が自分の好奇心や自己中心性の象徴である彼女によって断られてしまいます。フロイトが常々述べているように、抑圧された感情は消え去るわけではなく、ありとあらゆる機会を捉えて、ヒステリーや当てこすり、いい間違いなどを通じて表に出てこようとするのです。

第二の夢の業が、置き換えです。肉欲的衝動の異なった社会的に受容可能な形態への転移は、本来の意味を置き換えます。これは、「防御機能」とか「転移」と呼ばれる行動です。アメリカの文学理論家ピーター・ブルックス（Brooks 1994）は、圧縮と置き換えこそが批評家がテクストと関わりを持ち、「夢の業」を発見する符号化の仕組みだと述べています。映画では、「僕」の自宅コンドミニアムで爆発事故が起こり、高級家具やブランド品のすべてがなくなってしまいます。住むべき処を失った主人公は、出張中に知り合った石けん行商人タイラー・ダーデンと同居するようになります。二人は、ふざけ合いながら殴り合いを始め、痛みのなかから生きている実感を取り戻します。そして、悪ふざけは、大勢の男たちが集まる「ファイト・クラブ」へと発展していきます。タイラーは、「ルール・ナンバー・ワン、ファイト・クラブに関して口外するな」などの規則を作ります。主人公は、子どもっぽい喧嘩に意味を見いだすことで、大人の偽善から自らを防御しようとしているのです。ここで「僕」は、おっぱい男ボブと再会します。知識豊富なタイラーから偽善に満ちた世の中の仕組みや簡単なテロの方法を聞いて、主人公は、高級痩身クリニックから捨てられた人間の脂肪を盗み、石けんを作って売る副業をするようになります。ここで一八九九年のピアーズ社の石けん広告が、世界初の帝国主義的進歩の物語を大量生産された消費者向け見せ物への転換点であったこと（McClintock 1995）と、石けんが爆弾の材料になりうることを知ることは重要です。石けんは現代資本主義の象徴であると同時に、現代資本主義を破壊する道具にもなりうることが映画のなかで示されているからです。マーラはタイラーと出会い、三人暮らしが始まります。主人公は、タイラーとマーラがセックスをしたり、タイラーが「ファイト・クラブ」の仲間たちと何かを始めたりすることにいらだちます。

第三の夢の業が、反転です。しばしばメッセージは反転され、肉欲的な衝動の持つ元々の意図とは逆説的なメッセージを伝えます。テクストが、通常考えられる意味とは逆の意味を持ちうるのは、言語の社会的意味が風変わりであり、批評家が、何がそうであり、何がそうでないのかを勝手気ままに選び出すように聞こえるかもしれません。反転の分析をおこなう際は、他の符号との整合性を繰り返し確認するなどの手順を踏まないと、そうした分析は愚かしいものに見えるでしょう。しかしながら、人の心理は複雑であり、われわれは反転の例を身近に見つけることができます。映画『ファイト・クラブ』（1999）では、これまで誰もが当たり前に受入れていた現代社会における物質至上主義に疑問を持つようになった結果として、「ファイトクラブ」がタイラー発案による「プロジェクト・メイヘム」と呼ばれるテロ工作を目指す組織に変わっていきます。「僕」は、狂信者たちに囲まれたタイラーに再会しますが、彼は死すれすれの自己破壊衝動に囚われています。主人公は、計画がアメリカ全土の主要都市を壊滅させると知り、首謀者タイラーを止めに走ります。きっかけとなったのは、テロを実行しようとして警察に射殺されてしまったおっぱい男ボブの死でした。

最後の夢の業は、脚色です。わたしたちが現実以上に自らの人生を劇的にしたがる理由は、説明する必要がありません。わたしたちは、自らを中心とした夢物語の主人公だからです。実際、ほとんどの広告宣伝は、「あなたは大切なお客様です」という幻想を抱かせることを狙っています。自分自身が特別であるという欲求は当然であると同時に、人生への活力を生み出す上でも必要です。終盤で「僕」の前に現れたタイラーは、実は、自らが主人公の理想の姿「もう一つの人格（alter ego）」であると明らかにします。彼が不眠症になっていた理由は、タイラーが夜中に映画館やレストランで働いていたためで、虚飾に満ちた部屋を破壊したのも「僕」であり、タイラーとの殴りあいも自らにパンチを浴びせていただけで、マーラとのセックスも「僕」自身がおこなっていたと告げます。ここで「プロジェクト・メイヘム」が、自分自身の欲望から生まれたことに気づいた主人公は、高層ビルでタイラーと対峙し、「殴りあい」をして床に倒れ、椅子に縛られ、銃を突きつけられます。そのとき、突然、彼は、タイラーが銃を持っているということは自分が銃を持っていることだと気づきます。次の瞬間、銃は主人公の手に握られており、自身ののどを撃ち抜くことで「脚色」を止めるのです。別人格タイラーを倒した「僕」は、マーラと抱き合いますが、すでに爆破を止める時間は残っていませんでした。二人は手をつなぎながら、高層ビル街が次々と崩壊する様子を眺めていました。

『ファイト・クラブ』の解釈を総括すると、「僕」が自分自身に自信が持てず、軟弱で、女性にもてない、うだつの上がらない等身大であるのに対し、タイラーは理想の自分で、自信満々で、筋骨たくましく、精力絶倫でリーダーシップを持つ「男性原理の化身」です。その点、マーラは、「女性原理の化身」として最終シーンでは、傷ついた「僕」を気遣い、手をつないで崩壊する摩天楼を一緒に見守ってくれます。男性原理は、ルール、社会階層、命令、服従、支配などに代表されており、最終的に力で片をつけることを目指します。それに対し、女性原理は、平等性、自立性、協調、自由、相互の絆に代表されています（たとえば、Donovan 1993, p. 87を参照）。タイラーに惹かれながら、マーラとも付き合いたいと思って揺れ動く「僕」の精神的バランスを取っていたのは、男にも女にもなれない中途半端なおっぱい男ボブの存在でした。しかしながら、ボブの死によって、「僕」は男性原理と女性原理の二者択一を迫られることになりました。最終的に、「僕」が女性原理と共に歩んでいこうとする決意は、権力の象徴「男根（phallus）が」屹立したごとき摩天楼が崩壊していくラストシーンに暗示されています。

◉原型分析とユング

ユング理論によれば、人の精神は意識（consciousness）、個人的無意識（personal unconscious）、そして、集団的無意識（collective unconscious）の三層から成っています。個人的無意識が、記憶の強度が弱まり却下されたり、抑圧されたりすることにより引っ込んでしまって、精神に取り込まれているのに対し、集団的無意識は、神話的なモチーフや原始からのイメージなど、もっとも強力で潜在的に危険な要素から成っています。ユングは、こうした要素を「原型（archetype）」と呼び、夢の中に現出するとしました。河合隼雄（1967）によれば、ユングは早くから意識と無意識の相互補完性に着目し、心の全体性（psychic totality）に強い関心を持ち続けてきました。こうした考えをもっとも端的に表すのが、自己（self）という概念で、河合は「個人に内在する可能性を実現し、その自我を高次の全体性へ志向せしめる努力の過程を、ユングは個性化の過程（individuation process）、あるいは自己実現（self-realization）の過程と呼び、人生の究極の目的と考えた」、と述べています。

たとえば、一九七七年から始まったジョージ・ルーカス監督の『スター・ウォーズ』シリーズは、ユング理論をあてはめた精神分析批評による解釈が可能です（鈴木 2009）。ユングは、意識と無意識の統合によって人格が発達する個性化（individuation）という過程が、自己認識の肯定的なゴールだとしています。ユングは、善と悪、男性原理と女性原理など、心の内部にさまざまな対立を抱えた人は、それらの統合を目指すべきだとしています。『スター・ウォーズ』エピソードIV（1977）、V（1989）、VI（1983）には、主要な原型を代表するキャラクターが登場しています。具体的には、まずダース・ベイダーは、「影（shadow）」と呼ばれる意識的人格から除外された、自分自身でも気がつかない人格面の象徴です。彼は、アナキン・スカイウォーカーが暗黒面に落ちたため、本来、「生きようとした役割（persona）」である正義の騎士の資格を失い、黒い仮面をかぶって悪の皇帝に従う人生を生きることになります。次の重要キャラクターは、ジェダイ・マスターのヨーダです。彼は、ユングが「老賢人（wise old man）」と呼ぶ存在で、主人公ルーク・スカイウォーカーの師です。ヨーダは、主人公が苦しんだり迷ったりしたときに導き、目的の達成のために必要な訓練を施します。

また、レイア姫（Princess Leia）は、「アニマ（anima）」と呼ばれる女性原理を代表する原型です。彼女は、皮相を意味するレイアー（layer）と似通った名前を持っており、エピソードⅣ、Ⅴ、Ⅵ、では、最初は、ルーク・スカイウォーカーのあこがれの君として、次に、恋のライバルのキャプテン・ハン・ソロと恋愛する積極的な女性として、最後は、ルークの双子の妹として、真の存在を徐々に明らかにしていくことで、物語のなかで重要な役割を演じています。

そしてルークこそ、ユングが「自己（self）」と呼ぶ存在で、最後に父親ダース・ベイダーとの関係を修復し、父親のなかの正義の心を呼び起こすことで、「影」の存在を取り込んで根元的悪の存在である皇帝を打破することで、善と悪の対立の解消を達成するのです。ルーカス監督は、その後、正義の騎士ジェダイを目指したにもかかわらず、ダークサイドに落ちてしまって「影」の存在になる以前のアナキン・スカイウォーカーを主人公とするエピソードⅠ（1999）、Ⅱ（2002）、Ⅲ（2005）を作製しました。このようにエピソードⅠからⅣまでの深層的構造を分析することで、『スター・ウォーズ』シリーズを単なるＳＦ活劇映画ではなく、主人公のアナキンとルーク・スカイ親子が宇宙の根元的な善と悪のバランスを回復する雄大な叙事詩として読み解くことができます。このように『スター・ウォーズ』シリーズには、西洋的な善悪二元論よりも、人間が善悪の両方を併せ持った存在だという東洋思想の影響を見ることができます。たとえば、河合は、昔から東洋思想では、外界との接触を失うことなく、内界に対しても窓を開くこと、近代文明を消化しながら、古い暗い心の部分ともつながりを持とうとしなければいけないことを重要視してきたとしています。

◉構造分析とラカン

精神分析理論家のラカンは、構造主義の批判的読み解きを通じ、脱構造主義的精神分析を生み出そうとしました。特に、ラカンの「主体（subject）」に関する説明は、映画研究に影響を与えてきました。ラカン理論は、「個々の作家や作品の研究への精神分析の〝応用〟ではなく、映画媒体そのものが人間の心的メカニズムの装置化である」と考えます。また、「未だ現実と幻影の区別がなく、心に映るものがそのまま現実の出来事であった幼児期の状態を再現しようとする性向が人間を規定して」おり、「この性向を『欲望（desire）』と呼んだ」（石原 2003, p. 217）。そのために、わたしたちは「欠如（lack）」の状態に生まれつき、結果として残りの人生をこの状況を乗り越えようとして過ごします。欠如は、異なった方法で異なったものとして体験され、完全の創造的瞬間の追求における終わりなき探求となります。この対象を手にすることはできないため、わたしたちは自身を移動戦略と代償戦略によって慰めるのです。英文学者テリー・イーグルトン（Eagleton 1996）は、「うしなわれたものは悩みの元であり、深い無意識の喪失を象徴しており、それらが元の場所に置かれることの発見はつねに快楽なのである」（筆者訳：p. 161）と述べています。そのために、何かを発見したり獲得したりする物語は、わたしたちの癒しやなぐさめの源となるのです。実際、失われたはずの愛の行く末を探したり、伝説の宝物を求めたりする映画のなんと多いことでしょう。自分探しの旅や危機に瀕した故郷を救う物語さえ、あるはずの可能性を求め歩くという意味で、こうしたジャンルに属するのです。

ラカンは、わたしたちは三つの発達段階を旅するとしています（Storey 2021）。第一段階が、「鏡像段階（mirror stage）」です。わたしたちは、皆、不完全状態で生まれてきます。動きを掌握し調整できるようになるまでには、時間を要します。乳幼児が初めて自分を鏡で見たとき（六から八ヵ月の間）には、これはまだ完全に達成されていません。鏡は、いまだ存在しない制御と調整を示唆します。それゆえに、乳幼児がそれ自身を鏡の中に見るときには、現在の自身だけではなく、より完全なそれ自身の約束を見ることになります。この約束において、自我が現れてきます。こうした承認、あるいはより適切には（それ自身ではなく、それ自身のイメージの）「誤承認」を基盤に、わたしたち自身を切り離された個人としてみなします。それゆえに、人生は、ラカンが〈現実界（the Real）〉と呼ぶもので始まります。現実界は、決して人が触れたり、所有したり、思考したりすることさえできない言語化される以前の世界の現実です。たとえば、ありのままの不安や個人個人の現実体験です。ここは抑圧された無意識の願望が反復された世界です。〈象徴界（the Symbolic）〉によって調停される以前には、現実界がすべてです。人間存在を根本的に規定する言語活動の場である象徴界は、現実界のある特徴を部分として切り離してしまいます。ラカンは、言語活動によって形成される人間のつながりを、大文字の他者（Other）と名づけています。これは、自己と他者をつなげる共通の第三者としての言語を指しています。各々の新イメージによって、「欠如」以前の自身が今の自身ではなかった時への回帰を試み、その度にわたしたちは失敗します。欲望とは、象徴界に出会う前にそうであったわたしたち自身を全体として、再び欠如しているものを発見したいという欲望です。〈想像界（the Imaginary）〉は、イメージの詰まった個人的な世界で、他人と共有できません。たとえば、「安全」や「不幸」のように、漠然とイメージできるが、正確な描写はできない対象です。無意識的な願望を神経症的な妄想を通して満足する場合には、イマージュが活用されます。現実界で浮遊するトラウマや、不満足のまま浮遊している欲望がイマージュとして投影されます。こうした〈現実界〉、〈象徴界〉、〈想像界〉が相互に影響し合い、変化させたりする関係を、ラカン理論を駆使して語る思想家スラヴォイ・ジジェク（2008）は、チェスにたとえて説明します。つまり、チェスをする際に、わたしたちが従わなければならない規則が〈象徴界〉であり、「騎士《ナイト》」の駒がどのような動きができるかといった形で定義されています。一方で〈想像界〉では、チェスの駒にはどれもふさわしい名前と性格づけがなされています（たとえば、騎士であれば馬の形）。これは代替可能で、わたしたちは「騎士」と呼ぶ代わりに「馬」と呼んでもさしつかえありません。最後に〈現実界〉は、チェスの進行そのものと関係なしに、外部からもたらされるありのままに存在する状況を指しています。たとえば、プレイヤーの心を乱して、ゲームを中断させるような家族の干渉です。

第二の発達段階は、「いないいない／ばあ」遊びで、ラカンは、子どもが象徴界に入り始める象徴、特に言語（language）のなかへの導入だと読み直しています。いったん言語のなかに入ったならば、現実界の完全さは永久に失われます。言語は、「あるもの（being）」と「意味するもの（meaning）」の間の疎外された分裂を導入します。言語以前には、わたしたちはあるもの（自己完結）だけを持っていました。言語以降には、わたしたちは客体と主体の両方を持つようになります。私が「あなた」にあなたと語りかけ、あなたが私に語りかけるときに、私が「私」となるのです。象徴界は、意味の間主観的ネットワーク（intersubjective network）で、わたしたちが入らなければならない構造として存在しています。

発達の第三段階は、性的差異との遭遇「エディプス・コンプレックス」です。その正常な終了は、想像界から象徴界への移行を余儀なくします。それは、わたしたちの「欠落」の感覚を構成しています。満足の不可能性が、指し示すものを意味する「記号表現（signifier）」から表されているものを意味する「記号内容（signified）」への動きとして、体験されます。ラカン（1989）にとって、欲望は、固定された記号内容（「他者」、「現実界」、充実の瞬間、母体）の絶望的追求であり、すべてが言語と象徴界の調停以前の「自然」のなかに存在していた時間と、単純にそれ自体であった場所を欲望は渇望しています。人生の物語を通じて前に進むとき、その状況を乗り越える欲望によって動かされています。そして振り返るとき、継続的に母親（あるいは母親の象徴的役割を演じる人）との結合が、「欠落」へ落ち込む前の充実の契機であったと「信じる」のです。たとえば、ジジェックは、ヒッチコック映画において、「安定した自然な秩序の中に、ある異質な要素がラカンの言う『シミ』として侵入してきて、場面や光景の意味を一変させてしまうことを指摘」（木村2001, p. 53）しています。

また、イギリスのフェミニスト映画理論家ローラ・マルヴィ（Mulvey 1975）は、「視覚的快楽と物語映画」で、フェミニズム精神分析の観点から見た大衆映画に関する宣言を提示しています。彼女は、いかに大衆映画が「男性視線（male gaze）」を生産し、再生産するかを語っています。ここでは女性イメージは、二重になっています。一つが、男性の欲望対象で、もう一つが、去勢脅威の記号内容です。**視聴快楽の操作に挑戦するため、マルヴィは、「過激な武器としての快楽の破壊」（p. 7）を求めています。**破壊されるべき快楽として、二つが明らかにされます。**一つ目は、視覚快楽嗜好（scopophilia）です。**これは、他人を客体として捉え、制御的視線に対象化することに関わっています。視覚快楽嗜好は、別の人間を、視覚を通じた性愛的刺激対象として利用します。大衆映画の慣例は、それ自体を見るべきものとして提示しますが、密閉されて封がなされた世界を魔法のようにほぐして、聴衆の眼前に公平なもののように暗示します。聴衆の「窃視狂空想（voyeuristic fantasy）」は、映画の暗闇とスクリーン上の照明の変化の対比によって奨励されています。次に、**大衆映画は、第二の快楽である「視覚快楽嗜好の自己愛的側面からの発展（developing**

scopophilia in its narcissistic aspect)」（p. 9）を促進し、満足させるのです。マルヴィは、ラカンの「鏡像段階」の説明を引いて、子どもの自我形成と映画の同一化の間に類似があると示唆しています。子どもが鏡の中に自身を承認し、誤承認するように、観客はスクリーン上に彼ら自身を承認し、誤承認するのです。快楽を救い出し、根源的去勢コンプレックスの不愉快な再制定を避けるため、男性の無意識は安全へと二つの道筋を取ります。最初は、精神的外傷の根源的契機の詳細な調査を通じ、通常は、「おとしめ、有罪者として罰するなり救うことによって埋め合わせを図る」（p. 9）。マルヴィは、一九四〇年代後期から五〇年代前期にかけての虚無的傾向を持つ犯罪映画を、この不安制御の典型的方法としています。第二の逃げ道は、去勢そのものを完全に否認してしまうことで、呪物崇拝の代用によるか、または表象された形象そのものを呪物化してしまうかによって成し遂げられるのです。

このように映画批評での精神分析は、個々の作品研究の応用ではなく、映画媒体そのものが人間の心的メカニズムの装置化なのだという視点を提供します。たとえば、心の現象にすぎない夢に対し、物質的な現実である映画は、ときに、聴衆の欲望を実際に充足させることが可能なのです。

第十二章

イデオロギー批評

The Ideological Critical Approach

◉ イデオロギー批評

イデオロギーとは、一般に、「個人、集団、階級、あるいは文化がもつ社会的要求や願望を反映する観念の総体として定義されている。……実際、すべての映画は私たちに役割モデル、理想的な立ち振る舞い方、批判的な特徴、それにフィルムメーカー自身の善悪の感覚に基づいた無意識の道徳観などを示している」（ジアネッティ 2004, p. 126）。**イデオロギー批評（ideological criticism）は、テクスト内容の分析より、テクストの裏に隠された主義・主張（-ism）や、テクストを成立させている社会的文脈を問題にする分析方法です。**その目標は、多くの場合において、言語と権力、物質的状況、根本的な態度、価値観や文化的な信念の関係を吟味することで、しばしば、自分自身が信ずる社会の理想像や望ましい方向性と現実とのギャップを糾弾することです。マルクス主義批評家を例に取るならば、人々の差別からの解放（emancipation）や、自己存在確認（identity formation）を阻害する社会的差別や支配的権威に対する批判をおこないます。あるいはフェミニズム批評家は、男女差別を助長したり、女性に対する偏見を強化するイデオロギーを明らかにしたりすることで、女性の解放や新たな視点の提供を目指すのです。たとえば、童話『シンデレラ』は、薄幸の美少女が魔法の力で王子様に求愛されて幸せになるという「シンデレラ・ストーリー」ということばが示すように、通常、若い女性には憧れの物語です。しかしながら、同時に、女性は自力では社会的成功をつかめず、男性によって幸せになるべきだという家父長的イデオロギーを正当化する物語と読むこともできます。実際、継母や連れ子の姉が同じ女性であるシンデレラに対するいじめ、シンデレラの家事労働にあまんじて逆境を抜け出すために自助努力をしない他力本願さ、パーティに参加したり靴を置いてきたりするなど権力者である王子への媚びを考えれば、「女性の自立を目指し男女同権を求める」フェミニスト運動家から見たときには、『シンデレラ』は、二重三重に許せない物語という解釈も成り立つのです。

また、スコット・フィッツジェラルド原作の『グレート・ギャツビー』（1974; 2013）は、これまで何度も映画化されてきたアメリカ文学史上に残る名作です。ニューヨーク市郊外の謎の大富豪ジェイ・ギャツビーは、毎夜派手なパーティを開きますが、その目的は昔、別れた恋人デイジーに再会することでした。しかしながら、すでに彼女は名家出身の富豪ブキャナンの妻になっていました。「過去を繰り返すことはできない」という親友のことばに、「もちろんできる」と答えるギャツビーは、破滅への道を突き進むことになります。表層的に、この映画を観れば、昔の恋人を忘れられない男の純愛物語になります。しかしながら、『グレート・ギャツビー』にイデオロギー批評をあてはめるのなら、このテクストの持つさまざまな深層的解釈の可能性が明らかになります（鈴木 2015）。たとえば、マルクス主義批評を用いるなら、資本主義社会における成功者の表象としての豪邸に住む主人公が自ら築き上げた富にしっぺ返しを受ける物語としての読み解きも可能ですし、あるいは、拝金主義イデオロギーに毒された階級社会アメリカにおいて出自の劣等感に押しつぶされてしまった主人公の姿を明らかにすることもできます。さらに、フェミニズム批評を用いるのなら、昔の恋人をまるで自分の所有物のように考える男性主人公の傲慢さが最終的に破滅に導く物語とも読み解けるのです。

◉イデオグラフ分析

批評方法論として、レトリック批評家マイケル・マギー（McGee 1980）は、イデオグラフ（ideograph）を提唱してきました。イデオグラフは、イデオロギーが凝縮した形式であり、政治的意識を形成する公的コミュニケーションの道具として機能します。文化的理想型としてのイデオグラフは、人々の置かれた唯物的かつ象徴的な環境の集団的な解釈から、現実において使用中の意味を獲得します。イデオグラフには、「自由」「平等」「宗教」といった言葉が含まれ、ある文化に特定的で、徐々に進化してイデオロギーの基本的な構成要素となります。この批評方法では、まずどのようなイデオグラフがあるかを明らかにし、その深層的意味が歴史的に進化する「縦軸」と、同時代の人々の間で現実に用いられたときの意味の「横軸」の構造を分析します。前者は、社会言語学で言う通時的分析（diachronic analysis）で、後者は共時的分析（synchronic analysis）です。たとえば、ジョン・ルケイティスとセレステ・コンディット（Lucaites & Condit 1990）は、「『平等』を再構築する：殉教者的黒人ビジョンにおける文化的類系と反文化的レトリック」で、マルコムXとマーチン・ルーサー・キング牧師が「平等」というイデオグラフをまるで異なった意味で使っていたと論じています。マルコムXにとっての平等は、複数の独立した存在間の関係に対する誓約にほかならず、それぞれの存在が独自のアイデンティティを保持するのみならず、同様な力を持っていました。それに対し、キング牧師が信じた平等は、複数の存在間の公式かつ完全な同一性であり、それぞれは究極的には差別不可能であり、相互に交換可能でさえありです。つまり、「平等」というコンセプトは、マルコムXには、自己を強化するためのもので、対立のなかにだけ見つけられるのに対し、キング牧師には、人種を超越した統一を通してのみ達成されるキリスト教的な倫理であり公正さだったのです。こうした視点を理解すると、一九九二年公開の『マルコムX』を観たときに、前半と後半でまるで二本の別々の映画のように見える理由がわかります。前半で、「平等」を対立のなかにのみ見いだしていた主人公が、後半では、「平等」を人種を超越した統一を通して達成されるものであると見るようになっていくからです。

◉社会的文脈としてのイデオロギー

近年、メディア・コミュニケーション学者（たとえば、Grossberg 1984, 鈴木 1993を参照）は、「社会的文脈としてのイデオロギー」が、意味（meaning）のレベルではなく、暗示（signification）のレベルで果たす役割を問題にしてきました。文化人類学者エドワード・T・ホール（1993）は、暗示行為を話し手が聞き手に対して、会話の表向きの内容とは異なるメッセージを、間接的に、かつ、比喩的に伝達することであり、その聞き手にしか意味が通じないことが多いと解説しています。わたしたちは、新聞、折り込みチラシ、車内広告、噂話まで、ありとあらゆるメディアから与えられる情報に常にさらされています。映画、TV、インターネット、DVDなどのエンターテイメントや職場や学校で受けるメッセージまで含めれば、起きている間ほとんど外部からの刺激を受けていることになります。しかし、そうした情報が与えられる文脈の決定権をわたしたちは持っていません。どのような文脈で、どのような含蓄を含んで、情報が与えられるかは、すべてメディア側にかかっています。これは、自分に都合のよいイデオロギーを含んだり、逆に都合の悪いことは隠蔽したりする情報操作と、しばしば相互に矛盾するメッセージの渦中にわたしたちが置かれていることを意味します。実は、そうしたメッセージには、しばしば隠れたイデオロギーが働いています。つまり、**現代社会におけるイデオロギーの問題を考えたときには、支配層が作り上げた権力関係を維持する政治的観念よりも、もっと巧妙でメッセージを操作するメディアの働きが問題とされるべきなのです。**イデオロギーが機能する形態として、メディア研究者デビッド・ショール（Sholle 1988）は、以下の八つの戦略をあげています。**第一が、「沈積（sedimentation）」です。**沈積とは、ある文化のなかで受け入れられやすいように、論理の流れがメディアによってイデオロギーに貼り付けられてしまった言説です。たとえば、アニメの『ちびまる子ちゃん』（放送期間 1990-92, 1995-）では、高度経済成長期に向かいつつある七〇年代の日本で、主人公まる子が経験する日常が描かれています。孫を甘やかし放題のおじいちゃん、ぐうたらな父やこわい母など戦後の自由な人物や、卑怯者の藤木や皮肉屋の長沢などシニカルな人物が現れてきている点が、戦前の折り目正しさが貫かれている長谷川町子の原作や、善人ばかりが出てくるアニメの『サザエさん』（放送期間 1965-）とは異なっています。しかしながら、『ちびまる子ちゃん』には、近年、社会問題化している陰湿ないじめや少年少女の自殺のような八方塞がりの状況が描かれることはなく楽観的世界観によって作品がつらぬかれています。このように、社会現象にまでなるようなポップ・カルチャー作品には、設定やキャラクターの魅力の他に、現在の人々が憧れるような世界観を成立させていることが多いのです。

第二の社会的文脈は、「具現化（reification）」です。具現化は、ある対象についての認識がメディアの意図的な解釈により固定された言説であり、現状の自然化（naturalization of the present）です。その過程では、多くの場合、文化の歴史的価値観が基準として働いています。たとえば、コミュニケーション学者のベノワー等（Benoit, Klyukovski, McHale, & Airne 2001）は、クリントン大統領のルインスキー疑惑に関するスター捜査官とメディアの態度に関する風刺を通じ、いかにアメリカの公人が下品で戯画的なドラマに没頭しているかと、政治漫画家が主張したと論じています。ベノワー等は、調査した政治漫画が例外なく批判的であったことを踏まえ、公の事象における重要な象徴的メッセージでありえるとしました。そうしたメッセージの多くが、視覚的な隠喩として機能することで、クリントンの個人的性格、大統領としての行動、スターの捜査、公衆、メディア、外国の反応に関して、重要な問題点を繰り返し取り上げたのです。風刺漫画が虚構や非現実的な要素も含んでいながら、そうした要素が重要な政治的で社会的な論点に関する公的な対話を促進したと、ベノワー等は結論づけています。こうしたアメリカ・メディアの政治漫画に見られる視点は、提示されたドラマにおける中心人物たちの不適切な行動を強調することで、わたしたちが彼らを非難すべきであり、見習うべきではないというメッセージをほのめかしているのです。

第三の形態が「順応（adaptation）」で、これはメディアの段階的変化により作り出されたコードで、感覚的順応を通じた文化の支配化とでも呼ばれるべきものです。そこには、断片的な経験や陳腐でセンチで紋切り型の形容、そして過去から現在、未来へと流れる線状の時間の概念が働いています。たとえば、一九六〇年代の黒人宗教指導者マルコムXの言説は、白人中流階級が作り出した「危険なアジテーター」のイメージのなかでしか顧みられることがありませんでした。そうしたイメージは、すでに述べたように、彼を尊敬するスパイク・リー監督の『マルコムX』（1992）によって、死の直前のマルチン・ルーサー・キング牧師との和解などの実情が描かれるまで続いたのです。

次の戦略が「懐柔（mollification）」で、本来なされるべき議論を、より穏便に、より静かに、より柔らかにしてしまうようなメディアの言説を指しています。実質的に関連を持つものを除いたありとあらゆる文脈のなかで、情報の媒体自体が経験を構成する形式として機能しています。たとえば、個人情報保護法の成立前のメディアの対応は、政治家の汚職や不適切な会計処理を、保護法を盾に情報開示を拒むことができる可能性に十分な議論が提示されたとはいえないものでした。さらに、個人情報に関して、「私人」と「公人」の区別に関してのつっこんだ議論もなく、表面的な議論でお茶をにごしただけでした。

第五番目の社会的文脈としてのイデオロギーは、「正当化（legitimation）」です。正当化は、御墨付きを与えることで、支配的な考え方が討議の危機にさらされるとき、矛盾を抱えた社会は合意を創造しようとします。イデオロギーは、元々、意見の一致よりは不一致に存在意義を拠っており、作り出された世論はマルクスが虚偽意識と呼ぶものとなります。たとえば、日本人の「国際化」の議論は常に英語教育や欧米協調の文脈のなかで語られて、国際化イコール英語教育重視による国際人の養成という図式が正当化されています。しかしながら、そうした文脈では、日本のアジアの一国としてのアイデンティティや役割が強調されたり、考慮されたりすることはありえないのです。

第六番目の戦略が「脱政治化（depoliticization）」であり、メディアが公の討議から実質的な質問を排除してしまうような言説です。本来、政治的である言説が日常化し、民主主義の幻想のなかで個人はなんとなくわかったような気分になってしまいます。たとえば、旗揚げ時点の小泉純一郎政権は「聖域なき構造改革」を掲げていました。しかし、二〇〇六年の退陣までに構造改革という目標は、いつのまにか「郵政国会」「刺客」などのフレーズを通じ、焦点が郵政民営化を進める小泉首相対守旧派の「小泉劇場」にすり替わってしまいました。その結果、自民党の既得権益への切り込みや抜本的な財政再建などは、いつの間にか先送りされてしまったのでした。

第七番目の戦略が「化石化（fossilization）」で、扱われるトピックに関する変化を不可能にし、他の選択肢となりえるメディアの言説の形成を閉ざすような排除の過程です。特に、これは正統言語の独占と言語的な弱者の社会階層形成に顕著に見受けられます。たとえば、マルクス主義（Marxism）の歴史的評価の言説は、多くの場合、資本主義経済の肯定と共産主義経済の崩壊の文脈のなかでしかなされません。このときには、偉大な「解放」の社会思想としてマルクス主義を見る可能性は排除され、古代の遺物として片づけられてしまうのです。

最後の戦略が「背面論争（reverse contestation）」で、言説が形成する衝突を助長させることで、逆に、支配的言説が継続的支配を確実にするようなメディア戦略です。言説は、注意深く都合の良いものが論争から選ばれ、どっちつかずの沈黙をする者は糾弾されます。たとえば、「学歴社会」の言説は、学校教育の欠陥や若年化する受験競争過熱を批判する文脈で語られても、それを支える成績を唯一の人間評価の基準として容認する社会の病理が語られることはありません。それどころか、メディアは一方で批判を繰り広げながら、受験シーズンとなると読者の要望に応えるという方便で、高校別一流大学合格者特集号を組む結果として、「学歴社会」の議論がされればされるほど、人々に一流校志向が強まることになります。このように社会的文脈としてのイデオロギーの機能形態は数多く存在しますが、それらは相互に関連したり重複したりしているのです。たとえば、具現化は正当化をはたし、正当化は沈積をおこなうのです。

以上のように、イデオロギー批評は、公的に貼られたレッテルや、公にある集団や社会が共有している物語の分析に効果を発揮します。インターネットが生活の一部となり、フェイクニュースが真実を伝えるニュースよりも影響力を持つ「ポスト真実《トゥルース》の時代」に生きるわたしたちがイデオロギー批評を学ぶ重要性は、いくら強調しても強調しすぎることはできないでしょう。

第十二章

ジェンダー批評

The Gender Studies Approach

◉フェミニズムとジェンダー批評

生物学的な性差＝セックス（sex）と、社会的に構築された性差＝ジェンダー（gender）は、しばしば混同されてきました（Borchers 2018）。セックスは、遺伝子情報による特性から生じる「オス／メス」のような区別に基づくのに対し、**ジェンダーは、後天的に文化のなかで構築された「男らしさ／女らしさ」を指しており、さまざまな役割を歴史的に伴ってきました。**たとえば、家父長制度イデオロギーは、公的領域での活動を男性に、私的領域での活動を女性に振り分け、歴史的に、年長の男性が一家の長として家族をまとめ、権力を行使するという家族形態を構築してきました。さらに、家父長制イデオロギー（patriarchal ideology）は、男性が家の外で賃金労働に従事し、女性が家庭内に留まり出産・育児を含む労働を無償でおこなうという経済システムを構築さえしたのです。同時に、こうしたイデオロギーの形成過程で、男性に仕事を効率的に進める能力や積極性、社会性、合理性があるとする一方で、女性には親や夫への従順さ、おとなしさ、細やかな配慮などを要求してきました。

実際のところ、わたしたちは子どもの頃、男性であれば「男の子らしく」、女性であれば「女の子らしく」と言われた経験があるでしょう。しかしながら、こうした「男らしさ」や「女らしさ」という考えは、ある雛型に人間をはめ込もうとする社会的な意図にすぎません。わたしたちの思考と社会的現実は、相互作用をしあうことによって新たな社会的現実を生み出します。たとえば、「男は男らしく」という育てられ方をされた男性は競争（competition）の精神世界に生きるようになり、「女は女らしく」という育てられ方をされた女性は協調性（cooperation）の精神世界に生きるようになるのです（たとえば、Hetherington & Parke 2022を参照）。その結果、男性だけが公的領域である外の世界で仕事をこなすことを、女性は私的領域である内の世界で家事労働に従事することを当たり前と受け入れるようになります。

こうした社会的現実の構築にメディアの果たす役割は大きく、一度構築された現実は、しばしばステレオタイプ（stereotype）を形成します。ステレオタイプは、社会やメディアによって用いられる文化的な紋切り方の見方です。いくつかの単純な説明に言及することで、固定観念に基づくある類型を人々に想起させます。実際に、典型的なハリウッド映画の重要テーマに、「男と女」があることは論を待ちません。美男美女の悲恋物語、ヒーローを惑わすセクシーな悪女との駆け引き、年上女性への少年の憧れ等、プロットの鍵となる男女関係等は、魅力的な映画に欠かすことができません。批評家は、このように現実とメディアに現れた表象の違いや、その背景に働く意図や利害関係にも注意を払わなければならないのです。

多くのメディア研究家が、かつてのディズニー映画が、苦境にある王女が白馬の王子に救われるという物語を繰り返すことによって、「男らしさ」と「女らしさ」のステレオタイプを助長してきたと指摘してきました。それでも、近年では、ディズニーもお姫様が王子様によって救われるというお約束から離れて、自律したヒロインを主人公に設定するなど時代の変化に対応してきています（Bowers 2022）。また、タイトルからして働く女性を描いている『ワーキング・ガール』（1988）や、ハーバード大学法科大学でがんばる金髪美女を描いた『キューティ・ブロンド』（2001）など、ステレオタイプを題材とした映画が作られるようになっただけでなく、史上初の男女平等裁判に挑み、のちにアメリカ合衆国最高裁判事になったルース・ベイダー・ギンズバーグを描いた『ビリーブ——未来への大逆転』（2018）など、ロールモデルとなるような女性を描いた映画も作られるようになってきています。

登場人物の特徴的な言葉づかいは「役割語（stereotypical speech）」と呼ばれますが、こうした社会言語的な分析も、ジェンダー批評のポイントになりえます。金水敏（2003）は、「ある特定の言葉づかい（語彙・語法・言い回し・イントネーション等）を聞くと特定の人物像（年齢、性別、職業、階層、時代、容姿・風貌、性格等）を思い浮かべることができるとき、あるいはある特定の人物像を提示されると、その人物がいかにも使用しそうな言葉づかいを思い浮かべることができるとき、その言葉づかいを『役割語』と呼ぶ」（p. 205）と定義しています。言語的に見た場合、日本語は、外国語と比べて「役割語」が多いといわれています（関口 2016）。たとえば、老人なら「儂」、若者なら「オイラ」、女性なら「わたし」、男性なら「僕」など、異なった一人称を表す多くの主語があるため、話者が男性か女性かが文字で読んでもわかりやすいのです。あるいは、映画やテレビを観ていると、断りのセリフを言うときに男性は「ダメだよ」をしばしば用い、女性は「イヤよ」を用いることが多い傾向にあります（鈴木 2015）。「ダメ」には、社会的なルールを破ることはできない（"No, we cannot violate a social rule."）、あるいは集団の規則には従うべきというニュアンスがあるのに対し、「イヤ」は、個人的な感情が判断基準になっており、自分が生理的にできないことは拒絶する（"No, I won't accept the proposal emotionally."）というニュアンスがあります。実際のところ、もしも男性が「イヤです！」と言ったならば女性的な印象を与えるでしょうし、もしも女性が「ダメだ！」と言ったならば男性的な印象を与えるでしょう。つまり、男性は、社会性にしばられており、ある意味、自分をころしても所属組織やルールにしたがうことを求められる存在だといえます。逆に、女性は、自分の感情や意思を大切にして、周りの事情よりも自らの都合を優先できるより自由な生き方をすることができる存在だといえるのです。

ハリウッド映画を観ていると、男性は、これまでの生き方を変えるきっかけにしばしば「ダイブ」という儀式が必要ですが、女性には、変化に特別なきっかけなどはいらないことに気づきます。たとえば、主演のトム・クルーズは精神分析医との会話中心の映画『バニラ・スカイ』（2001）でダイブし、外科医に恋する天使を演じた主演のニコラス・ケイジは映画『シティ・オブ・エンジェル』（1998）でダイブし、キアヌ・リーヴスは映画『マトリックス』（1999）で思い込みを破るために仮想現実空間でダイブします。もちろんダイブは、「象徴的な死（symbolic death）」を示しており、彼らは、ダイブすることで現実的な死を迎えるかわりに、新しい生き方に踏み出すことができるのです。それに対し、女性は、新しい恋人に乗り換えたり、従順な生き方を反抗的に変えたり、恋人を裏切るのに面倒な理屈や儀式を必要としません。俗に「女心と秋の空」（英国では、四月の天気が荒れやすいために、英語では"Woman is as fickle as April weather."）といわれますが、男性の場合には、恋愛映画で心変わりした女性を忘れるどころかずっと恋慕したり、犯罪映画でだまされながら悪女を憎みきれないでいたりする例は枚挙に暇がありません。ただし、女性が「ダイブ」する映画が皆無なわけではありません。スーザン・サランドンとジーナ・デイヴィス主演のロード・ムービー（旅の途中でさまざまな事件が起こる物語）の『テルマ・アンド・ルイーズ』（1991）があげられます。この映画は、フェミニズム映画の傑作としても知られており、女性が「ダイブ」する象徴的な意味を考える上で、興味深い事例研究になるでしょう。

また、ジェンダーの問題は、個人レベルに留まらず、国家や社会レベルの支配制度にも大きな影響を与えてきました。

フランスの哲学者ミシェル・フーコー（1986）によれば、近代権力は、国力の労働力を統制するため、生殖を目的としたセックス、すなわち異性男女間の性交のみを正常とし、それ以外の性的接触や同性愛、自慰行為、SM行為などを異常として病理化や排除することで、性の管理を支配し、異性愛による生殖を一義目的とする正しい性の規範を浸透させてきました。

こうした背景を受けて、男性的価値中心で作られてきた社会制度、法体系、歴史観を女性側からの視点で読み読み解き直し、よりより方向へ社会変革を目指そうとするフェミニズム運動が誕生します（たとえば、大越 1996; Donovan 1993; 竹村 2000を参照）。**一九世紀末から二〇世紀初頭にかけて展開された女性の権利拡張運動は、第一波フェミニズム（First Wave Feminism）と呼ばれます。**この初期のフェミニズムは、男女間の政治的、および社会的平等を目指して女性の参政権や財産権を要求する運動でした。次に、**二度の世界大戦を経て、第二波フェミニズム（Second Wave Feminism）と呼ばれる女性解放運動が開始されます。**多くの若者が六〇から七〇年代にかけて公民権運動やベトナム反戦運動などに参加しましたが、同一労働をしても女性には男性より低い賃金しか払われないなど、周縁化されていることを実感した若い女性を中心に、「意識覚醒（consciousness raising）」を旗印に女性解放運動も広まっていきました。第一波が、男女間の社会的平等を目指したのに対し、第二波の主目的は、男性支配からの精神的解放を目指していました。具体的には、家父長制による性的抑圧や支配、搾取の構造を検証し、精緻に理解しようとしたのです。

しかしながら、女性解放運動が広まるにつれて、女性の間にも、さまざまな立場や視点があることが露呈し、七〇年代以降フェミニズムは分化していきました。戸谷陽子（2011）によれば、代表的なものをあげただけでも、男女の差異を最低限に縮める努力をし、既存システム内の改革をめざすリベラルフェミニズム、女性優位を唱えて、女性中心のシステムをめざすラディカルフェミニズム、資本主義の解体をめざすマルクス主義フェミニズム等があります。さらに、**八〇年代以降には、主体のあり方の議論そのものに変更を迫るポスト構造主義を反映し、バイセクシュアルやトランスジェンダー、人種的マイノリティの声を反映したフェミニズムも展開されるようになり、これらは第三波フェミニズムと呼ばれています。**さらに、**二〇一〇年代に入ると、新たな問題への異議申し立てのアプローチ手法を取る第四波フェ**

ミニズムが始まります（清水 2022）。ＳＮＳ利用の急拡大にともない、オンライン・アクティビズムへの参加や問題意識が世界中で共有されるようになります。たとえば、二〇一八年にTwitterで起こった#MeToo運動が典型です。

◉映画とフェミニズム批評

映画批評家は、映画をテクストとしてあつかうことで、男女差別を助長し、女性への偏見を強化するイデオロギーや社会制度を暴露し、女性解放や新たな視点の提供を目指してきました。たとえば、鈴木健（Suzuki 2011）は、累計千二百万部以上を売り上げ、宝塚歌劇団によるミュージカルも三百万人以上を動員し、アニメ化（放送期間1979-1980）や映画化（1979）もされた池田理代子原作『ベルサイユのばら』（2004）のジェンダー批評を試みています。通常、『ベルサイユのバラ』は、その成功の理由が「男装の麗人」オスカルの冒険譚としての魅力に帰されがちです。しかしながら、物語のなかで、男性として王家直属親衛隊長として仕えるオスカルは、マリー・アントワネット女王の恋人フェルゼン公爵に片思いし、「女装」して宮中舞踏会で踊ってみたり、幼なじみのアンドレと恋愛を成就させたりと、実は女性としても心おきなく人生を生きています。

鈴木（2011）は、『ベルサイユのばら』の研究方法論として、第八章で紹介した、ある言語行為に、場面、行為、行為者、行為媒体、目的という五つの枠組みをあてはめるペンタッド分析を用いています。第一の転換点「課せられた性別」では、（1）場面は、オスカルの父親が六番目の娘の誕生に非常に失望している、（2）行為は、オスカルを男性として育てることを父親が決定する、（3）行為者は、彼女の父親で、（4）行為媒体は、生まれた女の子に、本来男の子の名前である「オスカル」という名前を付けることであり、（5）目的は、王立軍を指揮する将軍を生み出してきたジャルジャイエ家の伝統を維持することです。家族の伝統を維持する必要性がここで他の各要素を制御するため、「目的」が重要な鍵として浮上しています。オスカルの父親が失望した理由は、家族の伝統を引き継ぐ息子がいないためで、彼は、赤ちゃんを男性として育て、将軍の地位を引き継がせることを決心します。

第二の転換点は、女装のオスカルによる片思いという「分断された性差」で、(1)場面は、ヴェルサイユ宮殿の舞踏会であり、(2)行為は、オスカルが舞踏会に行くことを決定することであり、(3)行為者は、オスカルであり、(4)行為媒体は、彼女の人生において初めて、そして最後に、外国の伯爵夫人として女性のドレスを着ることであり、(5)目的は彼女のフェルゼンへの愛着を放棄することです。ここでの重要な鍵は行為媒体です。オスカルにとって、軍服の代わりに美しいドレスを身にまとうことは、彼女の生物学的性別と、女性としてフェルゼンへの気持ちを受け入れることです。このシーンで、フェルゼンは舞踏会に参加している皆と同じように、最初、女性がオスカルだということに気づかず、踊る許可を彼女に求めます。その後、フェルセンは突然、魅力的な女性がオスカルであることに気づきますが、女性に扮している今ならオスカルは自分の気持ちを表現することが許されていると感じ、噴水で喜びを求めて泣いてしまいますが、必然的に弱さを感じるようになります。

第三の転換点は、特別警護隊キャプテンとしてのオスカルの苦難で、(1)場面は、フランス革命が激化したため特別警備員が結成され、オスカルがキャプテンに任命されます。約三〇人の兵士は、オスカル以外全員男性です、(2)行為は、オスカルが「このなかにひとりでも実力で私にかなう者がいるか」と、彼らを挑発し、最高の兵士アランとの戦いに勝つことであり、(3)行為者は、オスカルであり、(4)行為媒体は、決闘で、(5)目的は、オスカルが精神的にも肉体的にも本物の男だと示すことです。このエピソードで浮かび上がる重要な用語は、場面です。男性兵士たちは、オスカルが上司に任命されるとすぐに失礼なことを言います。アランはかつて、「女性のリーダーシップの下で戦うのに、我々男性は面子を守らなくてはならない」と言っていましたが、兵士たちがそのような抵抗を示さなければ、オスカルは彼らに決闘のような危険な手段を挑む必要はなかったのです。

第四の転換点は、オスカルのアンドレへの愛の告白という「選択された性差」です。(1)場面は、オスカルとアンドレがジャルジャイユ家に二人きりで取り残されている、(2)行為は、オスカルのアンドレへの愛の告白であり、(3)行為者は、オスカルとアンドレであり、(4)行為媒体は、彼らの間の情熱的な愛の交換であり、(5)目的は、真の愛を抱いて人生を送ることです。このエピソードにおける重要な用語は、行為媒体です。このペンタッドは、もっとも劇的な移行で、オスカルはアンドレへの愛を女性として認め、受け入れる一方で、男性の兵士として戦うことも決意します。つまり、オスカルはもはや彼女の性別を抑制せず、個人として二つの性別の領域を自由に行き来することによって、それらを超越するのです。

最後の転換点は、オスカルの尊厳死です。（1）場面は、バスティーユ牢獄への攻撃で、（2）行為は、フランスのコモンズ（平民階級）と警備員に対して共に戦うことで、（3）行為者は、彼らを率いるオスカルで、彼女のイメージは人間の精神を持った馬に乗る輝く戦士で、（4）行為媒体は、大砲で、（5）目的は、革命を成就させることです。ここでの重要な用語は、場面です。王室に対して反抗した政治犯を収容する刑務所がなければ、人々は感情を強めることができなかったでしょう。戦いに勝利しつつある間に、オスカルは刑務所を守る兵士に撃たれてしまいますが、人間として人民の解放に命を捧げることができた満足感の恍惚のなかで死んでいくのです。

これまで検討した五つの転換点を見ると、物語のなかでのオスカルの性差は、課せられた性差（gender imposed）、分割された性差（gender divided）、選択された性差（gender chosen）という三段階の成長のプロセスを踏んでいます。最初に、課せられた性差とは、他の人々と異なり、オスカルは普通の人々とは根本的に異なる性役割を演じる必要がありました。この点でジェンダーとは、家族、社会的、文化的環境に基づいて人々の生活のなかで成長し変化する可能性のある「セカンドセックス（second sex）」なのです。次に、分割された性差とは、オスカルは女性であるため、多くの困難に直面しました。現代社会においてさえ、オスカルが経験したように、男性によって支配されてきた領域の仕事をしようとすると、女性は困難に直面する傾向があります。しかしながら、オスカルは「決してあきらめない」という精神を維持し、前向きな姿勢ですべての困難を克服するのです。最後に、選択された性差とは、オスカルは、遭遇する多くの困難を克服した後、自分の選択に基づいて性別を選択しています。アンドレへの愛を受け入れることによって、オスカルが彼女の女性らしさを取り入れることを最終的に決心したときに、オスカルは彼女と一緒に人生を歩む相手を持ったより強い個人になります。オスカルは、もはや与えられた命令に無条件に従う人ではなく、所属組織と戦うことさえ辞さない自分自身の決定を下すことができる人となるのです。これまでの議論が示してきたように、オスカルは物語の終わりに彼女の性差あるいは性別さえも超えていくのです。現代社会では、わたしたちは、ますます自律性を失い、所属するグループや機関に従属するようになってきています。それが、オスカルが時代を先取りしたトランスジェンダーの戦士なのだという意味で、非常に魅力的である理由なのです。

英国の精神分析医で社会主義フェミニストのジュリエット・ミッチェル（Mitchell 1974）は、構造主義やポスト構造主義は、ポスト近代主義の流動性と柔軟性の可能性（post-modern possibilities of fluidity and flexibility）を切り開きましたが、歴史的な変化に関する説明は提供していない、と指摘しています。モダニズムが、「真・善・美」の哲学の三分野で統一的基準をあまねくあてはめようとするのに対し、ポスト近代主義は、多元文化主義による価値判断の相対化を目指そうとします。その点で、近代的な男女性の性役割と「男と女のりっぱな生き方」は固定化されており、異性の服装をすること（cross-dressing）さえ、通常は社会的に許容されていないのです。それゆえ、『ベルサイユのばら』（2004）の真の魅力とは、「男装の麗人」オスカルの単なる英雄物語ではなく、男性として兵士としての役割を立派に演じ、女性としても恋愛に生き、人間としても人民と共にフランス革命に身を投じた彼（女）の通常の二倍、三倍の人生を生き抜いた生き生きとした姿（larger-than-life figure）に表されるのです。

第十四章

ポストモダン批評

The Postmodern Approach

◉ モダニズムとポストモダニズム

近代（modernity）は、哲学の三大分野である「真・善・美」における統一的な価値基準をあまねくあてはめようとする運動であると見ることができます。本来ならモダニズムの持つはずの創造的破壊による自由奔放な力が失われて、モダニスト文化が正典化されて、ブルジョワ世界の批判的周縁から、それ自体が中心的で古典的になってしまったと、一九六〇年代から指摘されるようになりました（Best & Kellner 1991）。**二〇世紀資本主義の機能第一主義に対して、過去の様式の引用によって歴史空間の復古を指向する建築様式に端を発したポストモダニズムは、統一的な文化の象徴的断片化と、差異、地域的特徴、歴史的特徴などを合同させることによる多元主義（pluralism）の達成を目指しました**（ストーリー 2023）。たとえば、ポストモダン批評（postmodern criticism）は、価値基準の相対化による絶対的価値観の否定を目指します。その結果として、社会構造や文化が多様化した現在において、モダニストとポストモダニズは同じものを見ても、前者は、統一的な価値基準が失われたことを嘆き、懐古趣味的にその復権を望むのに対して、後者は、統一的な価値基準をあてはめることによる近代の行き詰まりを批判して、多元主義を賞賛するのです。

こうした状況は、アカデミズムにもさまざまな形で深い影響を及ぼしました。アメリカのマルクス主義批評家フレドリック・ジェイムソン（Jameson 1991）は、「偉大なモダニズムのスタイルが登場してから何十年かの間に、社会それ自体が同じような仕方で断片化しはじめ、各集団がそれぞれ独自の奇妙な固有言語を話すようなり、各職業に固有のコードやイデオレクト（ある個人にのみ特有の言語使用）が発達し、ついに各個人が他のあらゆる人から分離された」（風間訳 1994, p. 453）と語っています。その結果、実体を欠き断片と化した記号ばかりが氾濫する社会において、連帯の神話と協調の可能性を探る試みが、求められるようになっていきます。

あるいは、フランスの社会学者ジャン・ボードリヤール（2008）は、ポストモダニズムを「オリジナルなき同一の模倣（an identical copy without an original）」と定義しています。起源や現実性なきリアルをモデルに生成されたもの、すなわちハイパーリアル（現実を越えた現実、hyperreal）という概念を通じて、オリジナルとコピーの区別が今や粉砕されてしまった「シミュラークル（simulacrum）」というプロセスに関して、彼は述べています。わたしたちが観る映画は、オリジナルフィルムがコピーされたビデオの上映ですが、それがオリジナルかコピーされたものであるかの区別には意味がありません。このように、ハイパーリアルな領域では、現実とシミュレーションが差異なしに経験されます。さらに、生身の人間には縁も関心もないオタクが、二次元のアニメキャラクターに本気で恋愛をするのが、ハイパーリアリズムの一例です。彼らにとっては、仮想現実のなかの恋愛の方が、現実より、よりリアルで素敵に感じられるのです。近代が、見かけの下に潜在する意味を追求する時代だったのに対し、ポストモダンなメディアにおいては、もはや「神」や「科学」は真理の中心としての権威を失っており、われわれは人工的に作られた表象と知りながら、偽りの存在をあたかも現実のように受け入れ、あがめたてまつり、夢中になるのです。

実際、二〇一六年にオックスフォード大学出版会が今年のことばに「ポスト真実（Post-truth）」を選んだように、世論が形成される際に、客観的事実よりも感情や個人的信条へのアピールの方がより影響力がある時代が、すでに到来しています。ボードリヤールの主張は、あたかも今日の社会状況を予見していたかのようです。二〇〇五年、日本では「小泉劇場」が流行語大賞になりましたが、当時の小泉純一郎総理のパフォーマンス主導の政治手法に国民が熱狂しました。二〇一六年以降のアメリカでも、当時のドナルド・トランプ大統領がツイッターの発信を通じて反ポリティカルコレクトネスや反グローバリゼーション・キャンペーンを繰り広げ、「トランプ劇場」を展開しました。自らを「正義の味方」として演出し、反対勢力を「敵」として批判する政治手法は、まるで映画を観ているかのように、支持層を中心に機能したのです（二〇二四年大統領選で再び勝利を収めることも選挙中に狙撃未遂事件が起こったことも十分に映画的でしたが）。

また、フランスの思想家ジャン＝フランソワ・リオタール（Lyotard 1984）は、みなが共有できる「大きな物語（metanarratives）」の喪失と「小さな物語（mini narratives）」の乱立とも呼ぶべき状態を指摘しています。第二次世界大戦中のユダヤ人大量虐殺（ホロコースト）は、近代を規定する「理性」といった統一的な価値基準を大きく揺るがせて、「啓蒙（emancipation）の原理」を説得力の無いものにしてしまいました。さらに、広島と長崎の民間人をターゲットとした原子爆弾の使用と、米国とソビエト連邦間の相互確証破壊（Mutual Assured Destruction, MAD）に代表される核の恐怖の時代において、科学が完全な知と自由に向かって漸進しているようには見えない状況になりました。その集積を通じて人類の漸進的解放において中心的役割を演じるはずの知がすでに目標ではなくなり、目標遂行のための手段にすぎなくなったのです。

そうした結果、「現人神」という概念に基づく戦前の天皇制や、戦後の「資本主義陣営対共産主義陣営」という冷戦構造のような、皆が共有できる大きな物語は過去のものになりました。年代や性別、居住地域によって、わたしたちが共有する物語は、ますます独自なものになってきています。たとえば、一流大学・大学院卒でエリートだったはずの幹部に主導された一九九五年のオウム真理教地下鉄サリン事件や、自称「酒鬼薔薇聖斗」と名乗る犯人（のちに中学三年生男子と判明）による一九九七年の神戸連続児童殺害事件に見られるように、社会的に理解しがたい行動をとる人や集団は、彼（女）らなりの物語の主人公を演じています。そこに、今まで大多数の人々が信じてきた物語の価値基準をあてはめてみても、そこにある行動原理や目指す目標を理解できるはずがないのです。同時に、神戸連続児童殺害事件に関して、多くの中学生が、酒鬼薔薇聖斗と同じ行動は取りませんが、彼があした行動に走ったことは理解できると答えて世の大人たちを震撼させたのは、小さな物語が乱立するポストモダンな社会状況を示したものとして象徴的なことでした（鈴木 2009）。

◉ポストモダンとゲーム

アメリカのレトリック批評家G・トーマス・グッドナイト（Goodnight 1995）は、「ポストモダン的未舗装道の恐怖と震えおののき」という論文で、現代社会における論争の中心は、私的自由と公的義務の間の境界線に関するコンセンサスであると指摘しています。一九九〇年代は、冷戦構造が崩壊したために大きな物語が存在せず、繁栄が増加しているにもかかわらず、成長に対する不安が起こった結果として、「礼節の欠如（incivility）」が生じています。『ザ・ファーム 法律事務所』（1991）と『ジュラシック・パーク』（1990）の映画批評を通じて、不安的化した公的対話が、社会に皮肉、疎外感、不安を増大させたため、人々が恐怖やパニックを楽しむようになったことが示唆されます。そのために、彼は公的機関としての大学は、世代を越えて共通の議論のために開かれた空間という挑戦に対して、懐疑的な態度から始めなくてならないと指摘しています。

グッドナイトは、社会機構の機能に関連して、フランスの批評家ロジェ・カイヨウ（Caillois 1961; 1999）の分類する四種類のゲームに基づいて、わたしたちが言語ゲーム（language games）に興じていると論じます。最初が、サッカーや決闘のようにプレイヤー同士が競争や闘争をするアゴン（Agon）で、次が、ルーレットやサイコロ賭博など偶然や確率の要素が入ったアレア（Alea）で、三番目が、海賊ごっこや演劇のように模擬や模倣をするミミクリ（Mimicry）で、最後のゲームが、テーマパークの絶叫マシンに乗るような自分の気管内部の混乱と眩暈を起こさせて楽しむイリンクス（Ilinx）です。

まず最初に、『ザ・ファーム　法律事務所』では、ハーバード大学法科大学院を優秀な成績で卒業した主人公ミッチ・マクディーアが、メンフィスにある少数精鋭の税務専門法律事務所に就職します。法律は、古典的アゴンで、裁判官の前でルールに則って提唱者同士が競争します。主人公は、事務所の弁護士二人が事故死したと聞かされます。不信に思う彼の前に、ＦＢＩ捜査官が現れて、事務所には裏の顔があり、実はマフィアによって所有されており、マネー・ロンダリングの中枢になっていると知らされました。こうしてモダニスト的にはエリート中のエリートであったはずの彼は、法律ではどうにもならないポストモダンなゲームに巻き込まれていって、クライアントを裏切るか、ＦＢＩを裏切るか、弁護士としての将来を失うかというゲーム理論で「囚人のジレンマ（prisoner's dilemma）」と呼ばれる状況に陥ります。そこで彼は、次から次へと陰謀を発見することで錯乱状態と逃走の必要を生み出すミミクリに従事します。収監されていた兄を釈放してもらう条件でＦＢＩと取引をした後に、マフィアのボスとも会い、書類を操作して、事務所の摘発から手が回らないようにすると言って、組織と手を組むことに成功します。最後に、事務所の他の弁護士たちは逮捕されて、主人公は危機を脱するのです。このようにポストモダン的ヒーロー像は、不安的だが審美眼的で、個人の自己陶酔とエリートの模倣の間のギャップに漂うつかの間の存在になります。

次に、『ジュラシック・パーク』（1990）では、科学的な実験によって真理が導き出されるアレアが描かれています。ハリウッドの古典映画『キングコング』（1933）が、「世界八番目の驚異」である巨大ゴリラを未開の島に探索に行くという、科学技術によって自然を支配するモダニズム的主題を含んでいたのに対し、『ジュラシック・パーク』は、恐竜が滅びたならば再生させてしまえ、本物も偽物も同じだというポストモダン的主題を提示します。映画は、インターナショナル・ジェネティック・テクノロジー社が、バイオテクノロジーを駆使して、恐竜のクローンを現代に蘇らせて、完全自動化されたテーマパーク「恐竜王国」を秘密裏に建造しようとします。しかしながら、そのシステムは破綻をきたし、囲いから逃れた恐ろしい肉食恐竜がスタッフやゲストを襲うというパニックサスペンスの内容になっています。同時に、テクノロジーによって制御されたシステムや人間の選択と行動が予測不可能な出来事によって妨げられる、科学実験の場が制御不能なテーマパークに変化するという「自然のシミュレーション」を描いた古典的イリンクスにもなっています。

グッドナイトは、ポストモダン理論がマスメディア制作の世界にまで達するようになり、その目標は、変化を生み出すために機構に対するわたしたちの信頼を減少させることになっていると結論づけます。そして、そうした変化は、肯定的でも否定的でもありえるのです。彼は、公平で平等な言語ゲームの範疇を広げる一方で、開かれた討論が、究極的にイベントを解釈し批評する責務を全うしなければならないことを提唱します。

おわりに

Afterword

ここでは、まとめに代えて本書で論じられた映画批評に関する三つの結論を提示したいと思います。第一に、すでに述べたように、かつて映画は単なる娯楽とみなされており、ときには階級、ジェンダー、人種の伝統的な概念に対する脅威とみなされることさえありました。しかし、八〇年代以降のカルチュラル・スタディーズの隆盛もあり、もはや伝統的文化や社会概念を批判的に読み解く必要性に異議を唱える者は少ないでしょう。さらに、近年のメディア研究の高まりによって、映画批評を学ぶ重要性はますます高まってきています。「批評とは、作品あるいは製作者の表面的意味と意図の特徴を超えた発見と解釈をおこなう試みなのです」（筆者訳：Prince 2010, p. 387）。

同時に、映画批評は、現代文化やメディア研究を学ぼうとする人々にとって、ますます魅力的な学問分野となってきています。フィクションは、現実から区別された世界を伝えてくれます。それを、現実逃避として否定的にとらえるのでなく、いかにして人生が映画を通じて脚色され、固定観念の外部にある「現実に取って代わる世界」を作り出せるのかと肯定的にとらえるべきです。映画批評を学ぶことで、そうした視点とテクストがどのように構築されているかを知ることができます。映画批評の方法論は、構造主義、記号論、社会批評、精神分析、神話分析、ジャンル分析、物語論、イデオロギー分析、ジェンダー批評等、百花繚乱の様相を呈しています。こうした方法論を通じて、映画という複雑に編まれたテクストを読み解くことで、わたしたちは自分自身と社会に対する理解を深めたり、それらを変革したりする契機を与えられているのです。

最後の結論は、歴史的に映画批評をおこなうことは、北テキサス大学メディア・アーツ学部長ハリー・ベンショフ（Benshoff 2023）が著者とのインタビューで語ったように、「かつてどのようであったかを知ることなしに、わたしたちが現在どのような位置にいて、これからどこに向かって行くかを知ることはできないのだ」、と教えてくれます。さらに、カルチュラル・スタディーズ的なアプローチを取る映画批評は、映画に現れた広範な超越的表象やイメージが、どこまでその可能性を分析可能であるかを教えてくれます。今後は、メディア研究とカルチュラル・スタディーズの両方で、これまでの事例研究を踏まえて、話題作や問題作のなかで、現代社会に生きる人々が直面する対立が解決される物語が、どのように分析されるかの研究がさらに望まれています。

本書が出版されるまでには、多くの方々のご尽力とご協力がありました。茨城大学人文学部コミュニケーション学科、津田塾大学学芸学部英文学科、明治大学情報コミュニケーション学部で、ゼミナールのみなさんに本書の基礎になった講義をする機会を得ました。さらに、二〇〇六年にフルブライト客員教授として在籍して、ハリウッドのフィールドワークをおこなった南カリフォルニア大学アネンバーグ・コミュニケーション学部トーマス・ホリハン教授とノースウエスタン大学大学院時代からの恩師G・トーマス・グッドナイト教授、二〇一八年に明治大学在外研究制度に基づき客員研究員としてケンブリッジ大学映画映像研究所ではジョン・ディヴィッド・ローズ所長にひとかたならぬお世話になりました。特にケンブリッジ大学では、世界各国から集まった大学院生と毎週、教室とパブでエキサイティングな議論をすることでさまざまな知的刺激を得ることができました。また、明治大学人文科学研究所からは、二〇二一～二三年にかけて映画批評の研究助成金をいただいたことを記して感謝したい。また出版に際して格別の配慮をいただいたのみならず、さまざまなアイディアと励ましをいただいた小鳥遊書房の高梨治氏には、あらためてお礼を申し上げます。

最後に私事で恐縮ですが、本書は、二〇二一年末に永眠した母恵江子、翌年三月に永眠した父茂生の闘病期間中に大部分の執筆活動をおこないました。遅筆の著者が本書を完成できたのは、最高の教育環境を与えてくれたのみならず、研究者としての活動を見守り続けてくれた二人の存在なしにはありえません。今も天国から見守ってくれている両親に、本書を上梓できたことを報告したいと思います。

二〇二四年九月

鈴木 健

◎参考文献

【第１章】

Benshoff, Harry M., & Sean Griffin. (2009). *America on Film: Representing Race, Class, Gender, and Sexuality at the Movies*, 2nd ed. Malden, MA: Wiley-Blackwell.

Bywater, Tim, & Thomas Sobchack. (1989). *Introduction to Film Criticism: Major Critical Approaches to Narrative Film*. New York/London; Longman.

Dick, Bernard F. (2010). *Anatomy of Film*, 6th ed. Boston/New York: Bedford/St. Martin‘s.

Goodnight, G. T. (2013). Graduate seminar on rhetoric and cinema criticism, School of Information and Communication at Meiji University, Tokyo, January 2013.

Grau, Robert. (1914). *The Theater of Science*. New York: Broadway Publishing.

Kael, Pauline. (1964). *I Lost It at the Movies*. Boston: Little, Brown & Company.

Ramsaye, Terry. (1964). *A Million and One Nights*. New York: Simon & Schuster.

Prince, Stephen. (2010). *Movies and Meaning: An Introduction to Film*. 5th ed. Boston, MA: Allyn & Bacon.

Simon, John. (1971). *Movies into Film*. New York: Dial Press.

Williams, Reymond. (1983). *Keywords*. London: Fontana.

石原陽一郎他（編）(2001).『映画批評のリテラシー——必読本の読み方／批評の書き方』フィルムアート社.

ジアネッティ、ルイス（2003).『映画技法のリテラシーⅠ——映像の法則』フィルムアート社.

鈴木健（2010).『政治レトリックとアメリカ文化——オバマに学ぶ説得コミュニケーション』朝日出版社.

鈴木健（2011).「説得コミュニケーション・コンピテンス——現代社会において承諾を得るための能力」鈴木健（編）『コミュニケーション・スタディーズ入門』大修館書店、pp. 17-39.

鈴木健（2024).「映画批評入門——研究方法と事例研究——」『明治大学人文科学研究所紀要』第91冊、pp. 99-13.

村山匡一郎（編）(2003).『映画史を学ぶクリティカル・ワーズ』フィルムアート社.

【第二章】

Arnheim, Rudolf. (1974). *Arts and Visual Perception: A Psychology of the Creative Eye*. Berkeley: University of California Press, as quoted by Furstenau (2010).

Balázs, Béla. (1972). “Visible Man, or the Culture of Film,” in *Theory of Film (Chronicles and Growth of a New Art)*. (Trans.) E. Bone. New York: Arno Press, pp. 91-108.

Bazin, Andre. (1967). “The Ontology of the Photographic Image,” in *What is Cinema?*, Vol. 1, (Trans) H. Gray. Berkeley: University of California Press）, pp. 4-9.

Benjamin, Walter. (2005). “The Work of Art in the Age of Mechanical Reproduction.” *UCLA School of Theater, Film and Television*. (Trans.) H. Zohn, pp. 1-18. https://www.marxists.org/reference/subject/philosophy/works/ge/benjamin.htm

Cavell, Stanley. (1979). *The World Viewed: Reflection on the Ontology of Film*, Enlarged Edition. Cambridge, MA: Harvard University Press, as quoted by Furstenau (2010).

（Ed.）Furstenau, Marc. (2010). *The Film Theory Reader: Debates and Arguments*. London and New York: Routledge.

Turvey, Malcolm. (2010). “Balázs: Realist or Modernist?” in (Ed.) Furstenau, M. (2010). *The Film Theory Reader: Debates and Arguments*. London and New York: Routledge, pp. 80-89.

ジアネッティ、ルイス（2003）.『映画技法のリテラシーⅠ――映像の法則』フィルムアート社.

【第三章】

Barthes, Roland. (1967) *The Pleasure of the Text*. London: Jonathan Cape.

Bywater, Tim, & Thomas Sobchack. (1989). *Introduction to Film Criticism: Major Critical Approaches to Narrative Film*. New York/London; Longman.

内田樹（2010）.『映画の構造分析――ハリウッド映画で学べる現代思想』文藝春秋.

風間賢二（2001）.「訳者あとがき」『ライヴ・ガールズ』文藝春秋社、pp. 424-429.

クーンツ、ディーン（1996）.『ベストセラー小説の書き方』朝日新聞社.

廣野由美子（2006）．『批評理論入門――「フランケンシュタイン」解剖講義』中央公論社．
西山隆行（2020）．『格差と分断のアメリカ』東京堂出版．
ペック、M・スコット（2011）．森英明（翻訳）『平気でうそをつく人々――虚偽と邪悪の心理学』草思社．

【第四章】

Bywater, Tim, & Sobchack, Thomas (1989). *Introduction to Film Criticism: Major Critical Approaches to Narrative Film*. New York/London; Longman.
Doughty, Ruth., & Etherington-Wright, Christine. (2018). *Understanding Film Theory* 2nd ed. London: Palgrave.
Sarris, Andrew. (1971). "Notes on the Auteur Theory 1962," in (ed.) P. Adams Sitney. *Film Culture: An Anthology*. London: Martin Secker and Warburg.
Sarris, Andrew. (1968). *The American Cinema Directors and Directions, 1929-1968*. New York: Dutton.
「黒澤明の弔辞」（2019）．『Akira Kurosawa, Toshiro Mifune.　映画は語るものではないけれど』．https://star-director.info/category17/entry236.html
ジアネッティ、ルイス（2003）．『映画技法のリテラシーⅠ――映像の法則』フィルムアート社．
（監修）ジジェック、スラヴォイ（1994）．『ヒッチコックによるラカン』（訳）霜崎俊和他、トレヴィル．

【第五章】

Booker, Christopher. (2014). *The Seven Basic Plots: Why We Tell Stories*. London and New York, NY: Continuum.
Frye, Northrop. (1957). *Anatomy of Criticism: Four Essays*. Princeton, NJ: Princeton University Press.
Reagan, Andrew. (2016). "The Emotional Arcs of Stories are dominated by Six Basic Plots," https://www.researchgate.net/publication/304469919_The_emotional_arcs_of_stories_are_dominated_by_six_basic_shapes/fulltext/5770a63108ae0b3a3b7b95b5/The-emotional-arcs-of-stories-are-dominated-by-six-basic-shapes.pdf?origin=publication_detail
Propp, Vladimir. (1968). *The Mythology of the Folktale*. Austin, TX: Texas University Press.
Wiehardt, Ginny. (2019). "What is a Plot?: Plots Explained in Less Than 4 Minutes" https://www.thebalancecareers.com/definition-of-story-for-creative-writers-1277137

河合隼雄（1967）.『ユング心理学入門』培風館.
村上龍（1999）.『真実はいつもシンプル――すべての男は消耗品である<Vo. 3>』幻冬舎.
レーガン、アンドリュー.（2016）.「物語の作り方は6つしかないことがビックデータ解析で判明（Data Mining Reveals the Six Basic Emotional Arcs of Storytelling）」. MIT Technology Review. https://www.technologyreview.jp/s/2859/data-mining-reveals-the-six-basic-emotional-arcs-of-storytelling/

【第六章】

Cawelti, John G. (1984). *The Six-Gun Mystique*. Bowling Green, Ohio: Bowling Green University Press.
Downes, Brenda. & Steve Miller. (1998). *Media Studies*. Lincolnwood, IL: National Textbook Company.
Frye, Northrop. (1957). *Anatomy of Criticism: Four Essays*. Princeton, NJ: Princeton University Press.
O'Brien, William V. (1981). *The Conduct of Just War and Limited War*. NY: Praeger Publishers.
Rasmussen, Karen, & Sharon Downey. (1991). "Dialectical disorientation in Vietnam War films: Subversion of the mythology of war." *Quarterly Journal of Speech* 77, pp. 176-195.
Wright, Will. (1975). *Sixguns and Society: A Structural Study of the Western*. Berkeley: University of California Press.
鈴木健（2009）.「第5章　メディア批評とレトリック」鈴木健他（編）『説得コミュニケーション論を学ぶ人のために』世界思想社、pp. 174-216.
鈴木健（2010）.『政治レトリックとアメリカ文化――オバマに学ぶ説得コミュニケーション』朝日出版社.
バックランド、ウォーレン（2007）. 前田茂、要真理子（訳）『フィルムスタディーズ入門――映画を学ぶ楽しみ』晃洋書房.

【第七章】

"Booker's Meta-plot." (2022). *Changing Minds*. http://changingminds.org/disciplines/storytelling/plots/booker_plots/meta-plot.htm
Bormann, Ernest G. (1985). *The Force of Fantasy: Restoring the American Dream*. Carbondale: Southern Illinois University Press.

Doughty, Ruth, & Christine Etherington-Wright. (2018). *Understanding Film Theory 2nd ed*. London: Palgrave.
Frank, Arthur. (1995). *The Wounded Storyteller: Body, Illness, and Ethics*. Chicago: University of Chicago Press.
Geertz, Clifford. (1973). *The interpretation of culture*. New York: Basic Books.
Sillars, Malcolm O., & Bruce Gronbeck. (2001) *Communication Criticism: Rhetoric, Social Codes, Cultural Studies*. Long Grove, IL: Waveland Press.
Turner, Victor. (1986). *The Anthropology of Performance*. New York: PAJ Publications˙
Wood, Julia T. (2004). *Communication Theories in Action: An Introduction 3rd ed*. Belmont, CA: Wadsworth.
河合隼雄（1967）.『ユング心理学入門』培風館.
斎藤洋（1993）. 亜細亜大学自主セミナー講義.
（特集）「先人の恩恵に支えられて」（2006）『ニューモラル』二月号.
鈴木健（2009）. 第5章「映像メディアの言語表現」（編）岡部朗一『言語とメディア・政治』朝倉書店、pp. 114-137.
バリー、ピーター（2014）. 高橋和久（訳）『文学理論講義――新しいスタンダード』ミネルヴァ書房.
ボグラー、クリストファー／マッケナ、デイビッド（2023）. 府川由美恵（訳）『物語の法則――強い物語とキャラを作れるハリウッド式創作術』ＫＡＤＯＫＡＷＡ.
森岡清美、塩原勉、本間康平（編）（1993）.『新社会学辞典』有斐閣.

【第八章】

Burke, Kenneth. (1965). *Permanence and Change*. Los Angeles: University of California Press.
Burke, Kenneth. (19660. *Language as Symbolic Action: Essays on Life, Literature, and Method*. Berkeley, Los Angeles: University of California Press.
Burke, Kenneth. (1969). *Grammar of Motives*. Los Angeles: University of California Press.
Chesebro, James W. (2003). "Communication, Values, and Popular Television Series: A Twenty-year Assessment and Final Conclusions." *Communication Quarterly* 51, pp. 367-418.
Dick, Bernard F. (2005). *Anatomy of Film*, 5th ed. Boston/New York: Bedford/St. Martin's.
Feder, Lillian. (1971). *Ancient Myth in Modern Poetry*. Princeton: Princeton University Press.
Foss, Sonia K. (1989). *Rhetorical Criticism: Exploration and Practice*. Prospect Heights, IL: Waveland.

Griffin, Cindy L. (1995). "Teaching Rhetorical Criticism with Thelma and Louise," *Communication Education* 14, pp. 165-176.
Time.（9 December, 1991）. p. 8.
Tyler, Parkar. As quoted in W. Y. Tindall. (1959). *A Reader's Guide to James Joyce*. New York: Noonday Press, 1959.
小峯隆夫（2001).『豪快！　映画学　ジェームズ・キャメロン Talks About Film　ジェームズ・キャメロン映画を撮らずにいられない』集英社.
佐藤健志（1992).「ゴジラはなぜ日本を襲うのか」『諸君！』二月号、pp. 16-118.
鈴木健（2009).「第2章　レトリック批評とは何か」鈴木健他（編）『説得コミュニケーション論を学ぶ人のために』世界思想社、pp. 29-82.
山口昌男（2005).「遊びと文化と経済5　トリックスター」『日本経済新聞』五月一九日付.

【第九章】

Berger, Arthur A. (1998) *Media analysis Techniques*. 2nd ed. Thousand Oaks, CA: Sage.
Dick, Bernard F. (2010). *Anatomy of Film*, 6th ed. Boston/New York: Bedford/St. Martin's.
Eco, Umberto. (1976). *A Theory of Semiotics*. Bloomington: Indiana University Press.
Fiske, John. (1989). *Understanding Popular Culture*. Boston: Unwin Hyman.
Fiske, John. (1990). *Introduction to Communication Studies*. London: Routledge.
Messaris, Paul. (1994). "Visual Literacy vs. Visual Manipulation." *Critical Studies in Mass Communication* 11, pp. 75-105.
鈴木健（2011).「第二章　エスノグラフィー」高橋雄一郎、鈴木健（編）『パフォーマンス研究のキーワード』世界思想社、pp. 107-125.
竹田いさみ（2007).「海賊『超』格差社会のロマン」『読売新聞』七月一三日、一五面.

【第十章】

BBC. (2019). "Japan Country Profile."
https://www.bbc.com/news/world-asia-pacific-14918801

Borchers, Timothy. (2006). *Rhetorical Theory: An Introduction*. Belmont, CA: Thompson Learning.

Bywater, Tim, & Thomas Sobchack. (1989). *Introduction to Film Criticism: Major Critical Approaches to Narrative Film*. New York/London; Longman.

Fiske, J. (1996). "British cultural studies and television." In J. Storey (Ed.) *What is cultural studies? A reader* (pp. 115-146). London: Hodder Headline Group.

Grossberg, Lawrence. (2006). "Does Cultural Studies have futures? Should it? Or what's the Matter with New York?" *Cultural Studies* 20 (1), pp. 1-32.

Hall, Stuart. (1986). "On postmodernism and articulation: An interview with Stuart Hall." *Journal of Communication Inquiry*. 10: 45-60.

Jameson, Fredrick. (1990). *Postmodernism or, The Cultural Logic of Late Capitalism*. Durham, NC: Duke University Press.

"Japan ranked 34th out of 41 developed nations in UNICEF child poverty index." (2016). *Japan Times NEWS*. https://www.japantimes.co.jp/news/2016/04/14/national/social-issues/japan-ranked-34th-41-developed-nations-unicef-child-poverty-index/#.XwQmxPJUt0s

Sillars, Malcolm O., & Bruce Gronbeck. (2001). *Communication Criticism: Rhetoric, Social Codes, Cultural Studies*. Long Grove, IL: Waveland Press.

鈴木健（2009).「第5章　メディア批評とレトリック」鈴木健他（編）『説得コミュニケーション論を学ぶ人のために』世界思想社、pp. 174-216.

【第十一章】

Brooks, Peter. (1994). *Psychoanalysis and Storytelling*. Cambridge: Blackwell.

Donovan, Josephine. (1993). *Feminist Theory: The Intellectual Traditions of American Feminism*, New Extended Edition. New York: Continuum.

Eagleton, Terry. (1996). *Literary Theory: An Introduction 2nd ed*. Minneapolis: University of Minnesota Press.

Lacan, Jacques. (1998). *Four Fundamental Concepts in Psychoanalysis*. NY: Norton.

McClintock, Anne. (1995). *Imperial Leather: Race, Gender and Sexuality in the Colonial Contest*. New York: Routledge.

Mulvey, Laura. (1975). "Visual Pleasure and Narrative cinema." *Screen* 16, pp. 6-18.

Storey, John. (2021). *Cultural Theory and Popular Culture: An Introduction 9th ed*. NY: Routledge.

Wood, P. H. (1976). "Television as dream." In *Television as a Cultural Force*. (Eds.) R. Adler and D. Cater. New York: Praeger Publishers, pp. 17-35˙

石原陽一郎（2003）.「精神分析」村山匡一郎（編）『映画史を学ぶクリティカル・ワーズ』p. 217.
河合隼雄（1967）.『ユング心理学入門』培風館.
木村建哉（2001）.「ヒッチコックによるラカン」石原陽一郎他（編）『映画批評のリテラシー――必読書の読み方／批評の書き方』フィルムアート社、pp. 52-55.
ジジェック、スラヴォイ（2008）.『ラカンはこう読め』紀伊國屋書店.
鈴木健（2009）.「第2章　レトリック批評とは何か」鈴木健他（編）『説得コミュニケーション論を学ぶ人のために』世界思想社、pp. 39-82.

【第十二章】

Grossberg, Lawrence. (1984). “Strategies of Marxist Cultural Interpretation.” *Critical Studies in Mass Communication*, 1, pp. 392-421.
Benoit, William L., M. S. McKinney & R. L. Holbert. (2001). “Beyond Learning and Persona: Extending the Scope of Presidential Debate Effects.” *Communication Monographs*, 68, pp. 259-273.
Lucaites, John L., & Celeste M. Condit. (1990). “Reconstructing <Equality>: Culturetypal and counter-cultural rhetorics in the martyred Black vision.” *Communication Monographs*, 57, pp. 5-24.
McGee, Michael C. (1980). “The ‘ideograph’: A link between rhetoric and ideology.” *Quarterly Journal of Speech*, 66, pp. 1-16.
Sholle, David J. (1988). “Critical Studies: From the Theory of Ideology to Power/Knowledge.” *Critical Studies in Mass Communication*. 5, pp. 16-41.
ジアネッティ、ルイス（2004）『映画技法のリテラシーII　物語とクリティック』（訳）堤和子、増田珠子、堤隆一郎、フィルムアート社.
鈴木健（1993）.「イデオロギーと暗示された意味」『言語』第二二巻七月号、大修館、pp. 74-77.
鈴木健（2015）.「こころを動かす――共感のことば説得のことば」京都書房.
ホール、エドワード・T（1993）.『文化を超えて』TBSブリタニカ.

【第十三章】

Borchers, Timothy. (2018). *Rhetorical Theory: An Introduction 2nd ed.* Belmont, CA: Thompson Learning.

Bowers, Rhea. (2022). *Gender Representation in Disney Animation*.
https://rheasblog.myblog.arts.ac.uk/2018/02/06/the-use-of-gender-representation-in-disney-films/
Donovan, Josephine. (1993). *Feminist Theory: The Intellectual Traditions of American Feminism*, New Extended Edition. New York: Continuum.
Hetherington, Mavis E. & Ross D. Parke. (2022). "Gender Roles and Gender Differences." In *Child Psychology: A Contemporary Viewpoint*.
https://highered.mheducation.com/sites/0072820144/student_view0/chapter15/index.html
Mitchell, Juliet. (1974). *Psychoanalysis and Feminism: A Radical Reassessment of Freudian Psychoanalysis*. New York: Basic Books.
Suzuki, Takeshi. (2011). "The Rose of Versailles: A Dramatistic Analysis of Oscar as A Transgender Hero." In *Japan as Represented in the European Media: Its Analytical Methodologies and Theories−−In Comparison with Korean Cases*. Vilnius, Lithuania: Vytautas Magnus University, pp. 191-211.
池田理代子（2004).『愛蔵版――ベルサイユのバラ』中央公論社、全二巻.
大越愛子（1996).『フェミニズム入門』筑摩書房.
金水敏（2003).『〈もっと知りたい！〉ヴァーチャル日本語　役割語の謎』岩波書店.
鈴木健（2015).『こころを動かす共感のことば説得のことば』京都書房.
関口秋香（2016).「役割語の日英対照――ディズニー映画とジブリ映画における『女性語』を中心に」『東京女子大学言語文化研究25』pp. 32-46.
清水晶子（2022).「フェミニズムの４つの波――フランケンシュタインから #MeToo まで【VOGUE と学ぶフェミニズム Vol.2】」Vogue.
https://www.vogue.co.jp/change/article/feminism-lesson-vol2
竹村和子（2000).『フェミニズム』岩波書店.
戸谷陽子（2011).「コラム９　トピック：アイデンティティ、ジェンダー、フェミニズム」高橋雄一郎、鈴木健（編）『パフォーマンス研究のキーワード――批判的カルチュラル・スタディーズ入門』世界思想社、pp. 237-243.
フーコー、ミシェル（1986).『知への意志』（性の歴史１）渡辺守章（訳）、新潮社.

【第十四章】

Best, S., & Kellner, D. (1991). *Postmodern Theory: Cultural Interrogations*. London: Macmillan.

Borchers, T. (2018). *Rhetorical Theory: An Introduction 2nd ed.* Belmont, CA: Thompson Learning.

Caillois, R. (1961). *Man, Play and Games*. (M. Barash, Trans.). New York: The Free Press. (Original work published in 1955).

Goodnight, G. T. (1995). "The Firm, the Park and the University: Fear and trembling on the Postmodern Trail." *Quarterly Journal of Speech* 81, pp. 267-290.

Jameson, Fredric. *Postmodernism or The Cultural Logic of Late Capitalism*. Durham, NC: Duke University Press, 1991.

Lyotard, J. E., *The Postmodern Condition: A Report on Knowledge*. University of Minnesota Press, 1984.

カイヨウ、ロジェ（1990）.『遊びと人間』多田道太郎、塚崎幹夫（訳）、講談社.

風間賢二（1994）.「解説　断片化と結合の物語」スティーブン・キング『ＩＴ』第四巻、小尾芙佐訳、文春文庫、p. 453.

鈴木健（2009）.「第２章　レトリック批評とは何か」鈴木健他（編）『説得コミュニケーション論を学ぶ人のために』世界思想社、pp. 39-82.

ストーリー、ジョン（2023）.『ポップ・カルチャー批評の理論――現代思想とカルチュラル・スタディーズ』鈴木健、越智博美（訳）、小鳥遊書房.

ボードリヤール、ジャン（2008）.『シュミラークルとシミュレーション』竹原あき子（訳）、法政大学出版局.

【あとがき】

Benshoff, H. (2023 March). Interview with Takeshi Suzuki. Department of Media Arts, University of North Texas, Denton, TX.

Prince, S. (2010). *Movies and Meaning: An Introduction to Film. 5th ed.* Boston, MA: Allyn & Bacon.

実践編

ここでは、筆者（鈴木）が教鞭をとっている明治大学情報コミュニケーション学部にて、映画批評の授業を履修し、卒論を書いた学生の映画批評を二本、掲載します。

二本の実践論文を読んでいただく前に、**よい映画批評とは、どうあるべきかの基準**を説明しておきたいと思います。まず、**問題設定（problematization）**がされていることです。この論文を通じて答えを出そうとする重要な問題とは何か、と言い換えてもいいでしょう。次の基準が、**質量共に十分な先行研究（literature review）**が押さえられているかです。学術論文では、その分野でどのような研究がなされてきて、現在、どんな論点が重要で、何が未解決の問題なのかを示す必要があります。三番目の基準が、**研究方法論（research methodology）の妥当性**です。どのような批判的アプローチによって分析がなされたかが明らかにされなければなりません。第四番目が、どれだけオリジナリティがあり、**興味深い議論と洞察（arguments and insights）**が提示されたかです。最後の基準が、最初に提示した問題設定に対する**結論と将来的な含蓄（conclusions and implications）**です。これまで未解決だった問題に対する解決の方向性を示し、将来的な学問的な課題を示唆する論文こそが、学術的に高い評価を受けます。それでは、こうした基準に基づいて、以下の二本の論文を見てみましょう。

最初のディストピア論文では、わたしたちは、なぜ理想郷的にではなく、絶望郷的な未来ＳＦ映画に惹かれるのであろうか、という問題設定がなされています。さらに、先行研究においても、ユートピアということばを初めて使ったトマス・モアや、ディストピアに関するジェイムソンの論考が紹介されています。この論文は、研究方法論として「第六章ジャンル分析」を発展させて、ディストピア映画というジャンルをさらに三つのサブジャンルに分けたという点ですぐれています。「暗黒の管理社会」、「制御不能のテクノロジー」、「文明崩壊後の近未来社会」という枠組みのなかで、それぞれの代表的な映画を用いた議論が展開されています。結論においても、ホラー、警告、ファンタジーという三つの側面に着目することで、わたしたちがディストピア映画から何を学び、何を考えるべきかという主張が提示されているのです。

次のディズニープリンセス論文では、なぜ数多くのディズニープリンセスに関する研究がなされてきたにもかかわらず、ディズニープリンスに関する研究がなされてこなかったのかという問題提起がなされています。先行研究のまとめでは、女性キャラクターだけではなく男性キャラクターについても考察することで、現代社会と作品世界の理解の両方に貢献できる可能性が指摘されています。この論文のすぐれた部分は、「第十三章ジェンダー分析」を「プリンス1.0　権力と結びついた白人王子たち」、「2.0　多様化と新たな男性性の付与」、「3.0　ダメ男の成長と異性愛中心主義」、「4.0　ディズニープリンスのこれから」と、事例列的に用いて説得力のある議論を展開していることです。結論でも、ディズニープリンスの過去、現在、未来を考察することで、映画のキャラクターがどのように現実社会の影響を受け、そうして作られたステレオタイプがさらにどのように現実社会に影響をあたえていくかを考える契機をわたしたちに与えてくれます。

これまでの章で学んできた批評が、どのような形で実践されているのか、ぜひ参考にしてもらえればと思います。

実践編・論文①

ディストピア映画のジャンル分析

絶望郷が我々に投げかけるものとは？

宮原 藍

1

Sample Student Paper: A Genre Criticism of Dystopian Films

Ai Miyahara

1 ユートピアとディストピア

本来、誰しも理想の世界や薔薇色の未来を望むはずである。それにもかかわらず、近年のSF映画やアニメに登場する近未来社会では、『マイノリティ・リポート』(2002)、『TIME』(2011)、『レディ・プレイヤー1』(2018)、『アイ・アム・マザー』(2019)等、ユートピアではなくディストピアばかりが描かれるのはなぜなのであろうか。はたして我々はディストピア映画から何を感じ、何を学び取ることができるであろう。

まず第一に、「ユートピア」とは、一五一六年にトマス・モアが出版したSF小説『ユートピア』の題名である。秦邦生(2011)は、以下のように説明している。

> 「ユートピア Utopia」という言葉自体が一五一六年のトマス・モアによる造語であり、よく知られているように、これはギリシア語の「非 ou」と場所「topia」と合成した「どこにもない場所」という意味である。あらゆる人間が自由と幸福を享受する本来的な意味での理想郷は歴史的現実としてはかつて一度たりともこの地上に存在したことはない。つまりユートピアとは徹頭徹尾「非在」であり、「幻想」である。(p. 393)

構想段階において、トマス・モアは、理想的な未来社会を描こうとしたのではなく、そうした未来社会などどこにも存在しないという皮肉を込めていたことがわかる。人類の歴史を振り返ってみても、民主主義の発祥の地とされるギリシア都市国家には奴隷制が存在したし、平等社会を目指したはずのソビエト連邦が率いた共産主義圏は民衆革命によって崩壊した。巖谷國士(2002)は、「「ユートピア」という言葉を用いるときには注意が必要である。現代人が素朴に「理想郷」としてイメージするユートピアとは違い、トマス・モアらによる「ユートピア」には非人間的な管理社会の色彩が強く、決して自由主義的・牧歌的な理想郷《アルカディア》ではないためである」(p. 17)と注意を喚起している。

五百年以上前に作られたユートピアということばと比較すると、ディストピアということばが誕生してから、まだ百五十年ほどしか経っていない。「ユートピア」という言葉に潜在的に含まれていた問題を顕在化させた「ディストピア」が初めて使われたのは、ジョン・スチュアート・ミルが一八六八年におこなった演説といわれている。

さらに、フレドリック・ジェイムソン（2011）は、「この用語がより広範に流通するようになったのは、ある事典によれば、一九五〇年代、すなわち冷戦からである」（p. 333）と述べている。ジェイムソン（2011）は、続けて「伝統的に、ディストピアという用語は「新しい地獄の地図」（エイミス 1960）として特徴づけるのが最良であるさまざまな未来の表象をあらわすために使用されてきており、そのような予測は反ユートピア的なものであると漠然と理解されてきた」（p. 418）、と説明している。つまり、〈理想郷〉としてのユートピアを実現化するために取る施策は、皮肉なことに次第に権力者の既得権益を守るための手段となる傾向がある。エレノア・トレマー（Tremeer 2019）によれば、フェミニスト文筆家ローリー・ペニーはユートピアとはファシズムであると指摘している。本来、平和を守る目的であった監視、管理社会化そのものが、日常に歪みを生じさせ一般の人々を抑圧するようになるのである。国の治安や利益を最優先することで、個人の自由や人権が尊重されないようになり、異なる価値観や少数の意見は蔑ろにされてしまう。このように、そもそも万人にとっての幸せな場所などは存在せず、ユートピアは〈反理想郷〉ディストピアと化す危険性を常にはらんでいるといえるのである。

2　ディストピア映画のサブジャンル分析

前記の説明に基づき、代表的なディストピア映画作品の特徴を、「暗黒の管理社会」、「制御不能のテクノロジー」、「文明崩壊後の近未来社会」という三つのサブジャンルにおける枠組みで分析してみたい（次頁【表1】参照）。

サブジャンル	比較項目	ユートピア	ディストピア
第一群の特徴	社会構造	平等社会	格差社会
	優先事項	秩序の維持	被支配層の監視
第二群の特徴	機械と人間の関係	機械の人への隷属	機械の制御不能と暴走
	科学技術	技術の発達による延命	倫理感の欠如
第三群の特徴	環境問題	文明の維持と発達	破壊された文明

【表1】ユートピアとディストピアの比較

2-1 ディストピア映画のサブジャンル1：暗黒の管理社会

最初のサブジャンル「暗黒の管理社会」では、特権階級による管理社会に焦点を当てた作品を分析してみる。ここでは、『メトロポリス』(1927)、リメイク版の『1984』(1984)、『時計仕掛けのオレンジ』(1971)を例にして、論を展開していく。こうした管理社会のサブジャンル作品群には三つの共通項がある。まず第一に、被支配者層の道具化である。劇中の人々は、支配者層と被支配者層に分けられており、被支配者は支配者の圧倒的な監視下に置かれている。たとえば、『メトロポリス』では地下に押しやられた労働者は、巨大な工場で家畜同然に管理されている一方で、資本家たちは地上で享楽的な生活を送っている。勤務中、労働者は厳格に作業時間が管理されている。このように被支配者層である労働者は替えのきく消耗品的存在であり、機械の歯車としての労働を強いられており、基本的人権や日常生活の自由さえも奪われている。あるいは、ジョージ・オーウェル原作の『1984』では、国家リーダーであるビッグブラザーに対して、国民は絶対的な服従と忠誠を誓わされており、市民に紛れた思想警察に監視されている。世界は三つの国家に分断されており、物語の舞台となるオセアニアは、同等の力を持つユーラシア、イースタシアと絶えず戦争をしている。オセアニアの人口の八割を労働者階級が、実務をこなす官僚が一割を占めている。残りをエリート党内局員が占めており、彼らが権力を握っている。労働者階級には娯楽が許されるものの教育はおこなわれず、現実的な脅威とすらみなされていないが、過酷な肉体労働が強いられ、動物のように扱われている。一方で、上層階級へ反乱を企てる恐れのある官僚は監視対象であり、党内局員も例外ではない。この作品では、被支配者層のみならず支配者層間も監視状態下に置かれており、国民全体には私的生活というものが存在しない。『時計仕掛けのオレンジ』では、犯罪者に対して手段を選ばない非人道的システムが描かれている。主人公アレックスは不良グループのボスとして毎日暴力やセックスに明け暮れていたが、ある殺人事件に関して冤罪を受けて、投獄させられてしまう。そこで、彼は、攻撃性を絶つ矯正プログラムを受けて、暴力に対して抗うことができない身体となってしまう。政府高官や関係者への研究発表会では、治療の効果が証明され称賛を浴びるが、教誨師は「非行は妨げても、道徳的選択の能力を奪われた生き物に過ぎない」と批判する。

管理社会サブジャンル映画の次の共通項は、情報と思想の統制である。支配層は被支配階級にとって反逆のきっかけとなるような疑問を持たないように彼らを不都合な情報から遠ざけようとする。たとえば、『１９８４』の主人公ウィンストンは真理省記録局に勤務している。この役所は、新聞記事の修正、削除、文書さし換え、ときには、歴史的事実までも歪曲する巨大権力を持っている。また、国民には「二分間憎悪」という日課が義務づけられている。巨大画面に映る「敵」と位置づけられた革命家やユーラシアの軍隊に罵声を浴びせるのだ。さらに、官僚と党内局員は自宅へテレスクリーンを設置しなければならない。この双方型テレビからは、ビッグブラザーを称えるプロパガンダ映像が始終流れ、同時に、市民の映像や音声を記録する監視および盗聴装置として機能している。思想警察は心理学的な手法と装置を用いて市民を取り締まる。映画評論家ロジャー・イーバート（Ebert 1985）は、以下のように述べている。

一九八四年の小説が実際には未来に関するものではなく、第二次世界大戦後のイギリスが貧困と飢餓に震えた荒涼とした時期について書いたという事実を秘密にしなかった。オーウェルが一九四八年に小説を書いたときに恐れていたのは、ヒトラー主義、スターリン主義、中央集権主義、および適合性が定着し、世界を全体主義の刑務所収容所に変えることだった。彼が完全に間違っていたと言うのは、世界中を見渡して難しい。（筆者訳）

こうした監視制度を通じて発見された逸脱者は、拷問により不穏分子として自律的感情が喪失させられるのである。『１９８４』で思考警察に逮捕されたウィンストンは、愛情省の洗脳によりジュリアへの愛情を失い、ビッグブラザーを敬愛するようになる。あるいは、『時計仕掛けのオレンジ』でアレックスは、前述のように矯正プログラムを受けたことで拒否反応が出るため愛する対象に触れることが出来ない。

しかしながら、現代社会においても情報操作が、すでに潜在的におこなわれている。藤井正希（2011）は「かかるマスメディアの恣意的な情報操作を防止する制度的な手立てが現行ではほとんど存在していない点は大きな問題であろう」（p. 116）と主張しており、また木下富雄（2009）は、マスメディアの意義を認めつつも、報道を外部から評価する機関が必要だと指摘している（pp. 3-17）。実際、正しい情報を求めようとどのようにあがいても、権力者の恣意的なはたらきが無意識的に生活にとりこまれており、市民は疑うこともなくシステムのなかにとらわれているのである。

管理社会サブジャンルの最後の共通項は、人口爆発である。どの映画にも、快適な居住空間が限られているためにリミテッドリソースの問題が存在している。たとえば、『メトロポリス』（1927）では、地下都市に押し込められた労働者は窮屈な持ち場で長時間の作業を強いられ、地下の居住地区で家族と共に暮らしている。あるいは、『１９８４』（1984）では食糧や物資の配給や管理をおこなう豊富省が存在する。労働者層の居住する貧困地区を中心に資源が不足しており、生活水準が低く押さえつけられている。また、『時計仕掛けのオレンジ』（1971）では、医師が、アレックスが治療を受け出所することは収容所の過密緩和をも解消するとデモンストレーションの場で主張している。

こうした人口問題は、過疎化が進む地方と過密な都市という現代社会の問題とも重なっている。都市部では、土地の価格は高く、品薄な食料や日用品は法外な値段で取引されている。一方で、地方では、耕作放棄地は増えるばかりで食糧をもてあまらせている。過密な都市部での資源不足が強まれば、地方へ資源を求めて人々が殺到することが予想できる。

管理社会映画の異例な結末を提示しているのは、『メトロポリス』である。エンディングでは、支配者と被支配者が握手をして、分断を乗り越える。これには、支配者と被支配者の分断をつなぐ役割を演じるマリアの存在が大きい。デイビット・エデルスタイン（Edelstein 2002）は、「マリアは疲れ果てた労働者に勝って、プロレタリア独裁者の名で立ち上がるのではない。労働者の手と支配階級の頭脳の間の仲介者である」、と述べている。一方で、この結末は説得力に欠けているという批判も受けており、その後のディストピア映画では、このような分断を乗り越える希望的結末はほとんど制作されておらず、ハッピーエンディングのディストピア映画という稀有な例となっている。

2−2 ディストピア映画のサブジャンル2：制御不能のテクノロジー

ここでは、第二のサブジャンル「制御不能のテクノロジー」を主題とする映画群の分析をおこなう。本来、科学技術とは人々を幸せにすることが目的であり、そのための手段であったはずである。しかしながら、現代社会においては、「デザイナー・ベイビー」や「違法臓器移植」、「クローン人間」等、倫理面で問題をはらんだ科学技術の進歩が社会に悪影響を及ぼす事態が頻発している。具体的には、『マトリックス』（1999）、『ターミネーター』（1984）、『ガタカ』（1998）の三作品を例に論じてみたい。

これらの作品群には、二つの共通項がある。まず第一に、奴隷化される人類である。人造人間の製造や遺伝子操作は、創造主である神だけに許された神聖な領域を人類が犯すことであり、禁忌を犯した彼らは罰を受ける。アイザック・アシモフは、このようなプロットを「フランケンシュタイン・コンプレックス」と名づけている（たとえば、阿部 2004 を参照）。これは、人間の創造物が創造主である人間に危害を加えるだけでなく、さらに制御の効かなくなった創造物が暴走する状況への恐怖心理を指す。たとえば、トーマス・フランツ（Frentz 1984）は、神話を土台として神話と原型の地位を得る、抑圧され無意識化にある恐怖を追放する、人間の機械化・機械の人間化の増加を描く、機械の神化と人間の奴隷化をする、技術の家父長制的な先入観を持っているという四点が、フランケンシュタイン・コンプレックスの共通項であると述べている。

まさしく『ターミネーター』や『マトリックス』のプロットは、前記の説明に合致している。創造主である人間と創造物である機械との主従関係が逆転して、人間が科学技術の暴走に翻弄される世界である。具体的には、『ターミネーター』では、思考力を持った防衛ネットワークコンピュータが起こした核戦争によって人類が絶滅した近未来が描かれ、生き残った人類はハンターキラーという機械から身を隠すため、地下で生活をしている。見つかった者は殺害、または捕獲され、死体処理の作業を二十四時間命じられる。あるいは、恐怖の対象が機械からコンピュータへと発展した『マトリックス』（1999）の世界では、人間は反乱を起こしたコンピュータに動力源として培養され、永久的な睡眠状態にある。しかし、人類はコンピュータが創造した仮想世界を現実だと信じこまされている。実際のところ、現代人はすでにコンピュータの奴隷と化しているのではないだろうか。M・クリスティーヌ・ボイヤー（2009）の著書の引用中において、サリー・プライヤーは、以下のように述べている。

ヴァーチャル・リアリティは、感覚や身体の直接経験や（汚染された）環境からの退却と言うことができる。これは、近代のもたらした問題の真の解決なのだろうか？　実際に起こっていることに眼をつぶり、デジタルで合成された幻想世界の中へわれわれ自身を位置づけているだけなのではないのか？（p. 126）

多くの人々は、常にスマートフォンを握りしめ、生活のあらゆる判断を機械にゆだねている。大量の情報を入手することに神経を注ぎ、個々人の理想的な世界に没入することで現実から逃避している。しかし、個人の選択で情報を取得しているようにみえて、ネット広告や、スマホの推奨機能によって企業の誘導を無意識化に受けている。つまり、我々は都合のいい消費者の一人としてネット社会権力者のつくりだした仮想世界を生きているにすぎないといえないだろうか。さらに、科学技術の進歩に伴い、我々の自律的に考える能力は低下していないだろうか。

また、『ガタカ』（1997）では、科学技術の優位性が高く、人間の命が軽視されている。遺伝子操作の管理が行き届いた近未来社会では、自然出産で産まれた子は「神の子」と呼ばれ、劣勢遺伝子とみなされる。出産と同時に、寿命、死亡要因、身体的能力や将来患う病気が診断されてしまう。一方で、望みどおりの遺伝子を設計するデザイナーズベイビーが主流となっている。宇宙飛行士を夢見るヴィンセントは、劣性遺伝子のために希望の無い生活を送る一方で、優秀な遺伝子をもつ元エリートのジェローム は、怪我をするまで期待されつづける人生を送る。また、劇中に「血に国籍は無い」という台詞がある。この世界の差別要因は、もはや国や性別ではなく科学（遺伝子）なのである。ジェイムズ・ベラーディネリ（Berardinelli 2020）は、以下のように説明している。

ガタカの主な焦点は、遺伝的に劣った男、ヴィンセント・フリーマンが、彼の種類が日常的に差別されている世界で生き残り、繁栄するための闘いである。……科学はこの映画で日常的に赤ちゃんを育てるために使用された遺伝子工学技術をまだ完成させていないが、日々医療専門家を近づけている。その結果、ガタカは空想科学小説のスリラーとして機能するだけでなく、科学的能力を倫理よりも上に置くことの危険性についての警告として、そして道徳劇として偏見の非合理性について演じている。（筆者訳）

『ガタカ』は、遺伝子の優劣と個人の幸福には絶対的な相関関係があるという考えに根差した社会であり、ジェノサイドを正当化する優生思想が一般化している。このように日常化された差別により、人々の自由意志は制限されている。現代社会でも、人間が神になったかのように命の選択が日常的におこなわれている。たとえば、出産前診断によって健常児であるか、障害の有無が簡単に調査可能であり、診断結果に基づき堕胎がおこなわれている。本来ならば医療倫理的に判断されるべき決定に関わるビジネスが続々と開始されている。

科学技術の暴走をモチーフにした作品群の第二の共通項は、重要な役割を演じる女性の存在である。人間には、機械と異なり繁殖能力があるが、機械には生殖行動による種の永続ができない。これは人間が、テクノロジー（機械）に優位的な点であり、出産は、機械が人類と比べて決定的に劣る性質である。なぜならば妊娠と出産は、もっとも基本的な女性の創造性を象徴しており、人類の希望でもあるからである。思い起こして欲しい。『ターミネーター』（1984）では、殺人機械ターミネーターが過去へ送り込まれた目的は、救世主ジョンを産むことになる母サラ・コナーの抹殺である。また、『マトリックス』では、女性戦士トリニティが主人公ネオの命を救おうとする。彼女が愛するものは救世主となるという予言どおり、愛されたネオは救世主として再生を果たすのである。このように、女性の存在が世界を救うのである。劇中で、ネオに対してコンピューターネットワークの手先エージェント・スミスは、次のような台詞を述べている。

人類の分類を試みていたときだった。人類は哺乳類ではないことに気づいたのだ。すべてのこの星の哺乳類は、無意識に周囲の環境と調和を取って発展してきた。だが、人類は違う。ある地域に移動すると、人類は自然の資源を使い尽くすまで増殖する。そして、生息地域を広げることで生き延びてきた。同じような生きる有機体が、この地球上にもう一種類いる。わかるかね？　ウイルスだよ。人類は病気なのだよ。この星のがんだ。君たちはペストで、我々が治療するんだ。

スミスの言葉にあるように、現代社会には、自然との調和という思想が急速に欠落している。環境破壊は、第三のサブジャンルにもつながる問題であり、競争ではなく自然や他者との共生が必要なのである。

2-3　ディストピア映画のサブジャンル3：　文明崩壊後の近未来社会

最後のディストピアのサブジャンルは、「文明崩壊後の近未来社会」を描いた作品群である。ここでは、『風の谷のナウシカ』(1984)、『スノーピアサー』(2013)、『未来世紀コナン　劇場版』(1979)を例にして、論じてみたい。このジャンルの作品群には、三つの共通項がある。まず第一が、地球環境の破壊である。進化したテクノロジーは、もはや人間の手には負えない「プロメテウスの火」(ギリシア神話において、プロメテウスが人類に与えた火は、強大であると同時にリスクの大きい科学技術の暗喩として用いられる)の領域に達し、人類を破滅へ導く。たとえば、『スノーピアサー』では、温暖化阻止のためにおこなわれた薬品散布が原因で、地球全体が氷河期のように深い雪で覆われる世界となってしまう。人間が引き起こした地球温暖化という問題を科学の力で強引に解決を図った結果、さらに状況は悪化し、破滅的な状況を招いてしまう。生き残った人類は、走り続ける一台の列車の中に居住する。あるいは、『風の谷のナウシカ』では、「火の七日間」と呼ばれる千年前の戦争での巨神兵の使用により、ほとんどの文明が滅んでしまう。その後、巨大な蟲類が棲み、有毒な瘴気を発する菌類の広大な腐海の森が誕生したことで、人類は生活環境が浸食された地に住むことを余儀なくなれる。また、『未来少年コナン　劇場版』では戦争で使用された爆撃機ギガントによって文明が滅んでしまう。その後、地球は大陸の地殻変動によって地軸が曲がり、多くの都市が海中に沈んでいる。秦剛（2012）は、以下のように述べている。

核兵器と原子力エネルギーの表裏一体の関係を明確に提示したうえで、その両者を同時に批判的に取り上げている……。太陽エネルギーの開発者の一人で、太陽エネルギーが生み出した超磁力兵器が世界を滅したことに責任を感じたラオ博士は、太陽エネルギーを「誰の手にも余る怪物」と警告し、それをコントロールするために「21世紀の科学の枠を集めて建設された」太陽塔が「愚かな幻にすぎず、間もなく海に沈んでいくのを予見する。そして予見通り、太陽エネルギーを一時的に復活させた「太陽塔」は激しい地殻変動に伴う大地震によって瓦解してしまう。（p. 9）

ここでは、手段を問わない私利私欲の追求によって、地球を破壊するほどの装置が生み出された世界を描くことで、環境をいかに回復するかという希望がこめられているのである。

第二の共通項は、人類同士で争うことへの批判である。地球の崩壊以降も、愚かにも権力者は前時代の文明に縋り付き、人々を支配しようとする。たとえば、『スノーピアサー』では、車両前方の富裕層と車両後方の貧困層に人々が分断されており、生活環境が大きく異なる。先頭車両のリーダーは閉鎖生態系を維持する役割を担っており、貧困層による暴動を誘発して、定期的に人口を削減するのである。また『風の谷のナウシカ』では、トルメキア王国が巨神兵を復活させて、世界統一をもくろんでいる。さらに、人々は王蟲に対して、見境のない攻撃をおこない腐海の森を滅ぼそうとしている。『未来少年コナン　劇場版』では、産業都市インダストリアにある三角塔で、人間と物資が管理されている。そこでは上級階級のみが地上で管理者として生活しており、下級市民は地下生活を強いられている。最後には爆撃機ギガントの復活をもくろむ上級階級のたくらみによって人々が犠牲となる。米村みゆき（2016）は、以下のように述べている。

自然環境に対する宮崎駿のポストヒューマニズム的な傾倒は、彼が一九八四年に感想を寄稿した植物社会学者宮脇昭の『植物と人間』と多くのことを共有する（宮脇 2016, p. 8）……。一九六八年に出版されたこの本において、植物群集が過密状態で発達する場合には、中心部が死滅して周辺部だけが生き残るデッドセンター（dead center）のような現象が、大都市東京でも起こり得ると警告する著者は、さらには、大混乱以降に生き残った人々が再び先祖による失敗の苦しい経験を忘れたまま、自然の秩序や生物社会の他の構成員との共存を無視する独善者になるとき、自然も再び自らの均衡を取り戻すためにデッドセンターを作り出す可能性に言及する（宮脇 2004, pp. 54-6）。この警告はあたかも『未来少年コナン』と『風の谷のナウシカ』という二つのアニメーション作品の登場に対する予言にも聞こえる。（p. 127）

文明の崩壊後にも、限られた資源や豊かな生活環境を求めて争いがやむことはない。しかしながら、我々は、核エネルギーを利用できるほどの技術を既に手にしている。そのような効率的で高度な技術があるのだから、そのエネルギーを破壊ではなく創造のために使うことで共存を目指すべきなのである。バックミンスター・フラーは、自らが作成したダイマクション・マップに世界各地の資源データを記載し、資源の不公平な配分状況、核兵器保持の状況を実感させるワールド・ゲームという実践活動を始めた。芹沢高志（2000）は、以下のようにフラーの活動を解説している。

この能力を戦争ではなく、生活のために使えば、我々全ての市民が経済的に成功することも可能なはずだ。我々のノウハウを兵器ではなく（weaponry）、生活器（inverter）の開発に振り向けること、また、地球社会の現状に関するさまざまな情報を集め、みんなで平和のための戦略を科学的に考え、アンバランスな資源配分を改善するための代替策をいくつもつくりあげていくこと。（p. 181）

このように、我々は、自国だけでなく隣国、さらに世界の状況を把握すべきなのである。人類と地球が共生的に生きるためには、自国だけで限られた資源を独占するのではなく、科学の力を利用し、どのように共存できるかを議論する必要があるのである。

このサブジャンルの第三の共通項として、文明崩壊後を扱った作品では、人類の未来を子どもが担っている。たとえば、『風の谷のナウシカ』（1984）では、十六歳の少女ナウシカが、腐海を忌み嫌う人々と対立しながら、人類の自然の共生を願う。彼女は、実は腐海の樹々には汚染浄化作用があり、蟲たちが自然破壊から森を守っていた事実を知って、ベジテ市の王子アスベルと共に市長に訴えかける。しかし、彼女の意見を聞き入れない大人たちは風の谷もろとも、トルメキア軍を壊滅させる作戦を進行させる。クライマックスで、ナウシカは身を挺して、トルメキア軍の世界征服の阻止に奮闘する。また、『未来少年コナン　劇場版』（1979）では、十二歳の少年コナンがレプカの世界征服の阻止に奮闘する。米村（2016）は、以下のように述べている。

産業都市インダストリア（Industria）の実力者である行政局長レプカが、都市の復興を口実として太陽エネルギーと過去の軍事的遺産を復活させ、世界征服を姦計する。彼の野心を挫折させるのは、純真無垢な二人の少年コナンとジムシィ、そしてラナという名の早熟な少女である。彼らは大人たちでも躊躇する最悪の状況でも後に退かないし、敵の心まで変容させるような人間愛によって目の前に迫り来る戦争と自然災害から人々を救い出す。

（p. 124）

このように自然を軽視し、人間のエゴが引き起こす争いが、人類生存の道を断っていることに、子どもたちは気づいている。その一方で、大人は自らの信じる誤った正義を曲げず、暴力によって世界が変えられるという幻想に縛られている。『スノーピアサー』（2013）では、少女ヨナと少年ティミーは爆破された列車で生き延びて、脱出を果たす。被支配者の反逆によって、既存の社会システムが崩壊した後で、彼らが新たな生活を選択するという結末である。地上の雪のなかを歩き出した二人は、遠方にシロクマの存在を確認する。絶滅したはずの生命体の存在は、彼らにとって希望であり、「ノアの箱船」（旧約聖書で、神が人類の堕落を怒って起こした大洪水の際、神の指示に従ったノアは大舟をつくり、家族とすべての動物雄雌一組と乗り込み、絶滅を逃れる）的なエンディングとなっている。反乱による革命やリーダーの暗殺という暴力によっては根本的な解決が達成されることはなく、非人道的で科学に頼ったシステムからの脱却こそが人類が生き延びるための選択だったことが暗示されている。

3 結論

すでに述べたように、はたして我々は、ディストピア映画が投げかけるものから何を感じ、何を学び取ることができるであろう。本稿の分析から、ディストピア映画には、複数の読み解きの可能性があることがわかった。第一の読み解きとは、文明の進歩によって現代社会にすでに起こりつつあるリアルな恐怖を描いた「ホラー」的側面である。第二の読み解きとは、現代人の活動や社会の方向性に対する批判をこめた「警告」的側面である。第三の読み解きとは、人間に希望を見いだそうとする祈りをこめた「ファンタジー」的側面である（【図1】を参照）。

【図1】ディストピア映画の三つの側面
（出典：Teacher2poe, 2015 を基に作成）

ディストピア映画を考える場合には、単にわれわれがそこにリアルな恐怖を感じたり、警告を読み取ったりするだけでは不十分である。山口栄一（2016）は、以下のように論じている。

> 科学が引き起こしながらも社会が参加しなくては解決できない「トランス・サイエンス」の問題である。……トランス・サイエン

スとは、米国の物理学者アルヴィン・ワインバーグ（1915～2006）が一九七二年に提唱した概念で、「科学に問いかけることはできるものの、科学には答えることのできない問題」と定義される（Weinberg 1972）。……、科学は価値中立的で、そこで発見された真理は新しい知の創造である。よって科学それ自体は、経済的・社会的な価値をもたない。社会は科学によって創造された知を用いて、さまざまな技術を生んで価値を創造するとともに、創造された価値に対応して意思決定を行い、政治や政策に生かしてきた。しかし今や科学と政治（社会の意思決定）との両者にわかちがたくまたがっている領域が存在し始め、その領域こそがトランス・サイエンスである。（pp. 146-147）

山口が述べるように、まさにわれわれはトランス・サイエンス的な状況下に生きている。つまり、現代は科学技術に依存しながら、科学技術をどのように生かしているかという政治の問題と、科学技術で社会をどのように豊かにしていくかという経済の問題を切り離すことができない時代である。山口（2016）は、続けて以下のように述べている。

> これから科学は社会のために存在すべきであり、生命科学なら科学者は「発見」を目的にするだけではなく「人間の健康」を目的にすべきだ。まして原発事故のように科学が社会を著しく損なうようであれば、今後は現代社会の意思決定原則である民主主義によって問題を解決していく必要があるのではないか、といった議論が交わされた。これこそ、まさに「科学が引き起こしたがゆえに科学に問いかけることは出来る者の、科学だけでは回答が得られずに解決もできない問題」である。つまりトランス・サイエンスとは、多数決原理が意味を持ち得ない科学と、多数決原理によって前進していく民主社会とが同居する自己矛盾をはらんだ概念にほかならない。（pp. 147-148）

管理社会と格差社会のバランス、科学技術と倫理のバランス、発展と環境保護のバランスという、まさにディストピア映画がわれわれに投げかけるものこそ、トランス・サイエンスの問題なのである。ディストピア映画は、ディストピアをわれわれの未来の現実にしてしまわないために、どのように科学技術を人々の幸せのために政治経済の問題として取り上げていくべきかを考える契機を示している。つまり、どのように未来を創造していくべきかのブループリントを作る作業の必要性を示しているとも言える。

実際のところ、現代世界は大きな変革の時代に突入しており、〈反理想郷〉を防ぐために動き出している兆しを見ることができる。たとえば、企業が環境に配慮した活動をすることが常識化しつつあり、二〇二〇年には国際的投資マネーが「ＥＳＧ（環境・社会・統治）投資」に急速に傾いた。特に、市場で問われたのが「脱炭素」社会への貢献だ。サステナビリティー（持続可能性）への取り組みは従来の投資や金融ビジネスを根本から変革する可能性を秘めている（「脱炭素、金融に変容迫る」2020）と述べられている。このように環境に配慮しない企業は信頼が失われており、経済発展との両立が求められているのである。

【参考文献】

Berardinelli, James. (2020). "REELVIEWS." https://www.reelviews.net/reelviews/gattaca

Ebert, Roger. (1985). "Roger Ebert.com," https://www.rogerebert.com/reviews/1984-1984

Edelstein, Davit. (2002). "Radiant City" SLATE. https://slate.com/culture/2002/09/the-timely-return-of-fritz-lang-s-metropolis.html

Frentz, T. S. (1984 May). *Mass media as rhetorical narration*. Paper presented at the Van Zelst Lecture in Communication, Northwestern University, Evanston, IL.

Massie, Mike. (2020). "GT." http://gonewiththetwins.com/new/brazil-1985/

Phillips, Maya. (2019). "How "Neon Genesis Evangelion" Reimagined Our Relationship to Machines," THE NEW YORKER. https://www.newyorker.com/culture/culture-desk/how-neon-genesis-evangelion-reimagined-our-relationship-to-machines

Rolly, Penny. (2020). As cited by Tremeer (2019).

Teacher2poet. (2015). "Comparison of Dystopian Novels," TAUGHTALESSON. https://taughtalesson.wordpress.com/

Tremeer, Eleanor. (2019). "Why We Need Utopian Fiction Now More Than Ever," GIZMODO. https://io9.gizmodo.com/why-we-need-utopian-fiction-

now-more-than-ever-1830260945
アシモフ、アイザック（2004）.（訳）小尾芙佐『われはロボット』早川書房.
阿部美春（2004）.『フランケンシュタイン・コンプレックス』吉田純子編『身体で読むファンタジー――フランケンシュタインからもののけ姫まで』人文書院.
オーウェル、ジョージ（1968）.（訳）新庄哲夫『１９８４』早川書房.
カール、グレン（2018）.「人口減少より人口爆発、２０５５年に１００億人になると何が起こるか」『Newsweek 日本版』. https://www.newsweekjapan.jp/glenn/2018/07/2055100.php#:~:text=%E7%8F%BE%E5%9C%A8%E3%81%AE%E7%B5%8C%E6%B8%88%E3%83%BB%E7%A4%BE%E4%BC%9A%E7%9A%84,%E3%82%92%E7%AA%81%E7%A0%B4%E3%81%99%E3%82%8B%E3%81%A8%E8%80%83%E3%81%88%E3%82%89%E3%82%8C%E3%82%8B%E3%80%82
巖谷國士（2002）.『シュルレアリスムとは何か』ちくま学芸文庫.
木下富雄（2009）.「リスク・コミュニケーション再考――統合的リスク・コミュニケーションの構築に向けて（２）」『日本リスク研究学会誌』19（１）、pp. 3-17.
秦邦生（2011）.「訳者あとがき」フレドリック・ジェイムソン、（訳）秦邦生『未来の考古学――ユートピアという名の欲望』作品社、pp. 390-406.
秦剛（2012）.「原発建設時代の日本のＳＦアニメ」『大衆文化』7、pp. 2-10.
ジェイムソン、フレドリック（2011）.（訳）秦邦生『未来の考古学――ユートピアという名の欲望』作品社.
「脱炭素、金融に変容迫る　米ブラックロック副会長に聞く　社会の転換、投資機会に」『日本経済新聞』https://www.nikkei.com/article/DGKKZO67799940Y0A221C2EE9000
芹沢高志（2000）.「注釈」バックミンスター・フラー、（訳）清沢高志『宇宙船地球号操縦マニュアル』ちくま学芸文庫、pp. 151-197.
モア、トマス（1957）.（訳）平井正穂『ユートピア』岩波文庫.
長江弘晃、星昇次郎（2011）.「ユートピア展望――ユートピアの原点、そして現在から未来へ」『佐野短期大学研究紀要』22、pp. 41-59.
「ノアの方舟」（2020）.『デジタル大辞泉』https://japanknowledge.com/lib/display/?lid=2001014371800
藤井正希（2011）.「マスコミ規制の論理――憲法学を中心とした学際的考察――The logic of the mass communication regulation―Consideration of the study mainly on the study of the constitution―」『早稲田リポジドリ』http://hdl.handle.net/2065/36557

フラー、バックミンスター（2000）.（訳）芹沢高志『宇宙船地球号操縦マニュアル』ちくま学芸文庫.
「プロメテウスの火」（2020）.『新語時事用語辞典』https://www.weblio.jp/content/%E3%83%97%E3%83%AD%E3%83%A1%E3%83%86%E3%82%A6%E3%82%B9%E3%81%AE%E7%81%AB
ボイヤー、M・クリスティーヌ（2009）.（訳）田畑暁生『サイバーシティ』NTT出版.
宮脇昭（2004）.『植物と人間』NTTブックス.
宮崎駿（1997）.『出発点――1979～1996』徳間書店.
村上英峻（2020）.「ユートピアはディストピアなのか」http://gospel.aid.design.kyushu-u.ac.jp/~wiki/sotsuken07/abst/1DS04205N.pdf
山口栄一（2016）.『イノベーションはなぜ途絶えたのか』ちくま新書.
米村みゆき（2016）.「海外文献紹介　宮崎駿あるいは高畑勲（キム・ジュニアン著『イメージの帝国――日本列島上のアニメーション』）」『専修国文』94、pp. 119-146.

実践編・論文②

ディズニープリンスのジェンダー批評

変容するマスキュリニティのジェンダー分析

石橋 恵

2

Sample Student Paper: A Gender Criticism of Disney Princes

Megumi Ishibashi

1 はじめに

ディズニー長編映画では、今日まで数多くのプリンセス作品が生み出され、そのヒロインであるプリンセスたちは長年にわたり多くの女性たちの憧れであり続けてきた。しかしながら、その一方で、ジェンダー・ステレオタイプ化された描写、すなわち特定の「女の子らしさ」の提示が問題視され（上瀬・佐々木 2016）、女性に受動的な生き方を植え付けている点（李・高橋 2011）や、白い肌に細いウエストという特徴的な容姿が美しさの基準として提示され続けている点（Wiserma 2001）が度々指摘されている。ただし、最新の研究では、プリンセス物語におけるヒロイン像は絶えず変化し、その描かれ方は時代によって異なっているという研究結果も増えており（島田 2022）、近年のディズニープリンセス作品に対しては肯定的な見方もされるようになってきている。

それでは、ディズニープリンセス作品のジェンダー・ステレオタイプはほとんど払拭され、議論すべき課題は十分に提示されきったといえるのであろうか。筆者はこの点に関して否と考える。なぜならば、プリンセス作品におけるヒロイン研究は数多くなされてきたものの、プリンスに焦点を当てた研究は少なく、ジェンダー・ステレオタイプのひとつである「男らしさ」に関する十分な検討、考察がなされていないためである。

フェミニズムが、女性に限らず全ての人の抱えるジェンダー的な問題を解決しようという方向にある今[1]、ディズニーのプリンセス物語に対して提示される女性像だけを問題視するのではジェンダー研究として不十分と考える。かつて、プリンセスの描写が「女性は従順で美しく働き者であるべきだ」というジェンダー・ステレオタイプを多くの人々に刷り込んでしまっていたように[2]、プリンスもまた、当事者の男性にとどまらず、世界中の人々に対して特定の男らしさを提示、形成してしまっている可能性が高いのではないだろうか。

本稿ではディズニープリンスに焦点を当て、「ディズニープリンスが発信し続けてきた男らしさとは、いったい何か」という問題を分析していきたい。その際、荻上チキの『ディズニープリンセスと幸せの法則』（2014）に習い[3]、共通の特徴を持つプリンスごとに四つのグループに分け、各々をプリンス 1.0、2.0、3.0、4.0 と筆者が独自に名づけたうえで、分析を進めていく。

最初に、プリンス1.0において、彼らに名前が無いことと、白人且つ社会的地位が高い点に着目し、プリンスが覇権的な男性性を象徴するだけでなく、物語において富と力を意味した記号的な存在でしかなかったということを示す。次に、プリンス2.0ではプリンスの特性が多様化した反面、肉体的な強さという新たな特性が付与されたことに触れ、この時期から社会的地位の代わりに体格の良さを男らしさと結びつけ始めたことを明らかにする。さらに、プリンス3.0においては、結婚で物語を締めくくるフォーマットや、プリンスの内面性が物語内で変化する点などに注目し、男性の弱さが認められた一方で男性の幸せが異性愛に限定されてしまっている点について指摘する。最後に、プリンス4.0がプリンセスの一時的な助力者として強くて逞しい男らしさを再生産しており、さらには最新の作品において、もはやプリンスが不要になりつつある点について言及する。これらの分析を通して、ディズニープリンスが心身共に強く愛情深い男性を長年にわたって肯定し続けており、「そのような男性こそが女性から愛される幸せを手にできる」という固定的なメッセージを提示してきたということを論証する。

プリンセス作品における男性キャラクターについて考察することは、男性を取り巻く男性性の課題の発見やジェンダー研究の一助になり得るだけでなく、作品の重要な要素の分析を通して作品自体の理解を深めることができるという点で、ディズニー作品研究の一つとしても貢献できるであろう。

本稿におけるディズニープリンセス作品とは、アニメーション作品である『白雪姫』（1937）、『シンデレラ』（1950）、『眠れる森の美女』（1959）、『リトル・マーメイド』（1989）、『美女と野獣』（1991）、『アラジン』（1992）、『ポカホンタス』（1995）、『ムーラン』（1998）、『プリンセスと魔法のキス』（2009）、『塔の上のラプンツェル』（2010）、『メリダとおそろしの森』（2012）、『アナと雪の女王』（2013）、『モアナと伝説の海』（2016）、『ラーヤと竜の王国』（2021）の全一四作に加え、一部作品の実写版五作品[4]を含めた計一九作を包括して呼称するものであり、各作品の主人公となる女性をプリンセスとして表現する。[5]また、プリンセスの対となるもっとも主要な男性キャラクターを、王家の生まれであるかにかかわらずディズニープリンスと呼ぶこととする。これは、ディズニー公式サイトにおいて、ヒロインが実際に王女という地位にいるかにかかわらず総称としてプリンセスと位置づけられているため、同様にメインとなる男性キャラクターにも用いるべきだと判断した。

2 プリンス1.0 権力と結びついた白人王子たち

プリンセスのジェンダー・ステレオタイプに関しては、人種[6]や結婚[7]といった点において時代に沿った改変がなされてきた。それでは、彼女たちの結婚相手となるプリンスに投影されたジェンダー・ステレオタイプは、何がどのように変化してきたのであろうか。本節では、ディズニー第一黄金期とも表現される『白雪姫』(1937)、『シンデレラ』(1950)、『眠れる森の美女』(1959)の初期三作品を取り上げ、最初のディズニープリンスは、覇権的な男性性を内包した、富や権力の記号的存在であった、ということを考察していく。

2-1 名前のないプリンスたち

『白雪姫』並びに『シンデレラ』のプリンス像を語るうえで見過ごせない最大の特徴は、プリンスに名前が与えられていないということだ。『白雪姫』のプリンスには物語内の呼称と同様、エンドクレジットにも「王子」という記載しかなく、『シンデレラ』のプリンスについては、ニックネームとしてプリンス・チャーミングという呼び名がある[8]ものの、作中での登場は一切ない。彼らは、終始「王子」という社会的な立場名でしか呼ばれていないのである。

この点に関して、荻上(2014)は『白雪姫』におけるプリンス以外のキャラクターたちの名前にも触れながら、彼らの名が全て「機能的なものにとどまっている」(p. 89)と指摘している。実際、プリンス以外のキャラクターたち、たとえば、七人のこびともそれぞれ「おこりんぼ」、「てれすけ」、「ねぼすけ」といった機能別の名前が付けられており、おこりんぼは常に不機嫌で怒りっぽい性格であるなど、各自名前どおりの役割を演じている。つまり、初期二作品においては、プリンスの個人的な情報は一切重要ではなく、一国の「王」だから〝王様〟、町に住むただの少女だから〝町娘〟

といった具合に、プリンスを紹介するうえで必要な情報は、彼らが社会的にどんな立場の者であるか、それのみだったのである。見方を変えれば、初期二作品のプリンスに付与された「王子」という職業はそれだけ重要な意味があったともいえる。

それでは、「王子」という職業が意味するものとは何だったのであろうか。まず単純に王子という言葉の意味を見ると、国でもっとも偉く力を持った王の息子ということになる。つまり、圧倒的な権力者かつお金持ちなのである。「王子」という立場が持つこの二つの特徴こそ、初期のプリンス像に必要であり重要な条件だったのである。

ここで、当時の社会状況を振り返ってみたい。それぞれ、『白雪姫』が公開される直前には世界大恐慌[9]が、『シンデレラ』公開前には第二次世界大戦[10]が起きていた。どちらの作品も、制作時期がちょうど経済的に不安定[11]であり、人々の心中に不安が渦巻いていた頃だったといえる。ディズニーコードのひとつに「幸せは願えばきっと叶う」[12]というお決まりのメッセージがあるが、当時の人々、特にプリンセスに感情移入する立場の多くの女性たちにとっての「幸せ」とは、不安定な世の中でも食うに困らず安全な場所で生きることであった。そして、当時の家父長制の社会において、女性が安定した家庭を得るには、一家の大黒柱になるべき男性が、どのような家柄の人間でどれほど安定した収入を得ることができるかが重要だったはずである。このような状況下において、疑いようのないお金持ちかつ強い権力を持った「王子」は、独身男性のなかでも「一生安泰」を予感させる相手として究極的な存在であり、空想の物語において人々に夢を見せるのであればこれ以上ない適役だったのである。そのため、荒木（2011）が述べるように、この二人のプリンスには「玉の輿の手段としての役割しか与えられていな」（p.7）かったといえる。

つまり、「王子」には、絶対的な権力やお金持ちといったものを象徴する役割があり、そのような「王子」であるディズニープリンスは、名前を持たないことによって、財力と権力の記号的存在としてのみ機能していたのである。

ちなみに、この名前のない機能的なプリンスは、二〇一五年に実写化された『シンデレラ』において少し変化を遂げている。本作では、プリンスに対して〝王子様〟以外にも〝キッド〟という呼び名が与えられていたり、シンデレラを含む周囲の登場人物と会話をするシーンが盛り込まれていたりと、アニメーションよりもプリンスの人柄が読み取れる

作品名	公開年	プリンセス	プリンス	特徴
『白雪姫』	1937	白雪姫	名前なし	王子 白人 ハンサム 背が高い 誠実な心の持ち主 一目惚れする プリンセスと結婚
『シンデレラ』	1950	シンデレラ	名前なし (プリンス・チャーミング)	王子 白人 ハンサム 一目惚れする プリンセスと結婚
『眠れる森の美女』	1959	オーロラ	フィリップ	王子 白人 勇敢 ハンサム 一目惚れする プリンセスと結婚

【表1】プリンス1.0とその特徴

ように工夫されている。そして、お金持ちという理由だけで結婚をしたがるアナスタシアではなく、王子の人柄を理解しようと努めたシンデレラが結婚をつかみ取るという対比の強調も取り入れられた。これらは、物語内のプリンスだけでなく、プリンスに象徴される男性そのものに対して、お金や地位といった指標だけではなく内面性を見ていきましょうという、男性に対する従来の記号的な見方を否定したメッセージなのである。

これに近い動きが、『眠れる森の美女』(1959)でも見つけられる。『白雪姫』(1937)から二二年経て公開された本作では、プリンスに初めて名前が付き、台詞が増えただけでなく馬から転げ落ちるなどのドジな一面も描かれた。また、物語内のオーロラ姫にとってはフィリップが「王子」であるか否かはさほど重要でないというのも目新しい観点であった。しかしながら、作品の鑑賞者に対しては、「王子」と「幸せな未来」を結び付ける法則が引き続き示されており、ディズニー最初のプリンスたちがあくまでも人として非本質的な側面でしか描かれていなかったことがわかるだろう。

2-2 覇権的な男性性

表1はディズニープリンス1.0の各特徴についてまとめたものである。三人全員に共通した特性はいくつかあるが、本節で

は特に三人揃って「白人」の「王子」である点に注目し、これらの特徴からプリンスに覇権的な男性性が取り込まれていると考察する。

既に指摘したとおり、「王子」であることに関しては、権力や財力の所有者の象徴として機能しているが、今回指摘したいのは、この「王子」という役職をこなしているのが、全員白人キャラクターであるという点である。これは、該当作品のプリンセスが全員白人であることと似た問題を抱えている。具体的には、女性に対して、肌の白さを美しさの指標として提示していたように、男性に対して、地位の高さに白人の条件を結び付けた特定の男性性が提示されてしまっているのである。オーツとダーラム（Oates & Durham 2004）は、このような「白人性、異性愛者性、運動能力、そして（もちろん）男性を権力と同一視する役割を果たす」男性性を、「覇権的な男性性」と呼んでいる（筆者訳 p. 303）。したがって、プリンス1.0は、覇権的な男性性を体現した男性像として描き出されているのである。

3　プリンス2.0　多様化と新たな男性性の付与

プリンス2.0の特徴は、さまざまな社会的地位や肌の色が与えられた反面で、肉体的な強さが新たな男らしさとして導入されたことにある。具体的には、『リトル・マーメイド』（1989）から『ムーラン』（1998）までの計五作品をとりあげていく。

3-1　プリンスの多様化

本節で述べたいのは、プリンス2.0は、各作品とも新しい要素を組み込んでいたり、時代にそぐわないプリンス像を変化させたりしているという共通点があり、この変容性こそが最大の特徴であるということだ。たとえば、『リトル・マーメイド』では、種族を超えた愛という異人種間関係の成立を想起させる要素が追加されていたり、プリンスにリーダーシップ性が付与されたりしている。また、『ポカホンタス』（1995）におけるジョン・スミスと『ムーラン』におけ

作品名	公開年	プリンス	王子か否か	白人か否か	その他身体的特徴
『リトル・マーメイド』	1989	エリック	○	○	肩幅が広い
『美女と野獣』	1991	野獣	○	○	野獣の姿
『アラジン』	1992	アラジン	×泥棒	×	身体的能力が高い
『ポカホンタス』	1995	ジョン・スミス	×冒険家	×	筋肉質な身体
『ムーラン』	1998	シャン隊長	×将軍の息子	×	筋肉質な身体

【表2】プリンス2.0とその特徴

るシャン隊長まで含めると、全体的にプリンス1.0よりも肉体が大きく逞しくなっているという変化も見られる。そのような特徴をまとめたものが、表2である。

こうして外見的特徴と社会的地位の組み合わせを見てみると、プリンス2.0は、実に個性豊かなラインナップになっているといえるだろう。そして、相手の内面性を重要視するプリンセスの誕生に伴い、プリンス2.0ではプリンスたちの内面性も描き出されるようになった。

このような多様化の背景には、一九六〇年代に始まった第二波フェミニズム及び、一九九〇年代に展開された第三波フェミニズムとポスト・フェミニズム運動が間違いなく影響している。第二波フェミニズムでは、雇用と賃金の平等化やレイプと家庭内暴力の防止などが訴えられ、第三波フェミニズムでは人種や民族の壁を越えた女性たちの政治的連帯が生じた（荒木2019）。つまり、「白人男性」ばかりに高い地位や権力が与えられる社会構造や男性の暴力性が問題視され、女性を含む、それまで覇権的な男性性から除外されてきた人々が新たに富と力を得るチャンスを獲得したのである。その結果として、プリンセス作品では非白人男性や貧しい男性、醜い姿の世間から厭われる男性、開拓地の人々を征服するのではなく対話しようと試みる新しい男性像が現れ、プリンスは「ハンサム」「王子」「白人」というワンパターンから脱却したと見て取れるのだ。

3-2 プリンスとヴィランの対比

プリンス2.0では、プリンスの特性だけでなく、ヴィラン(13)にも大きな変化が生

作品名	公開年	ヴィラン	性別
『白雪姫』	1937	継母	女
『シンデレラ』	1950	継母	女
『眠れる森の美女』	1959	マレフィセント	女
『リトル・マーメイド』	1989	アースラ	女
『美女と野獣』	1991	ガストン	男
『アラジン』	1992	ジャファー	男
『ポカホンタス』	1995	ラトクリフ	男
『ムーラン』	1998	シャン・ユー	男

【表3】歴代ヴィランと性別

じた。表3は、『ムーラン』(1998)までの各作品に登場したヴィランと性別の一覧表である。表からもわかるように、『白雪姫』(1937)から『リトル・マーメイド』の四作品は全て女性がヴィランだったのに対し、『美女と野獣』(1991)以降、立て続けに男性のヴィランが生み出されたのだ。そのため、ヴィランとプリンスに表象される各男性像の比較によっても、プリンス像の変化を読み取ることができる。

初期四作品では、継母を中心に、特に内面が醜い女性をヴィランとして描くことで、彼女たちのような女性像を非難するだけでなく、相反する人格を持ったプリンセスの身も心も美しいさまが際立つ構造となっていた。同様に、男性ヴィランに関しても、彼らに象徴された男性像が否定され、プリンスに表象された男性像が肯定されていると解釈することができるであろう。

たとえば、『美女と野獣』に登場するガストンについて考えてみてほしい。ベルの住む町では、彼は強くてハンサムで多くの女性たちが夢中になる存在である。しかしながら、ベルを「獲物」と表現したり、結婚すれば彼女が自身に献身的に尽してくれると当然のように考えていたりと、その価値観は前時代的だ。また、野獣の背後から不意打ちで刃物を突き付けるなど卑怯で野蛮な一面も持っている。結果として、彼はその横暴さゆえに自滅してしまうのだが、このガストンというヴィランを通じて描き出されているのが、家父長制イデオロギーと暴力的で支配的な男性性の否定である。軍事的な功績と根拠のない男尊女卑に拘るガストンにはバットエンドを与え、反対に、女性への対等な扱いと優しさに目覚めた野獣をハッピーエンドへと導くことで、男性により良い男性像が何なのかを提示しているのである。

また、『ポカホンタス』(1995)のラトクリフがプリンスのジョン・スミスを慕う部下たちによって反旗を翻され投獄されたり、『アラジン』(1992)のジャファーが力の代償に自由を失ったりするが、ラトクリフはまさに1.0で説明した覇権的な男性性の表象であり、彼らヴィランが破滅する反面、新しい価値観を取り入れ反対の態度をとったプリンスが幸せを勝ち取る構図からは、ディズニーが1.0で作り上げた男性性を自ら自己批評していると読み解くことができるであろう。

3-3 筋肉と男らしさ

プリンス2.0は、前記のようなプリンス像の更新という望ましい変化が生じた半面で、新たなジェンダー・ステレオタイプが盛り込まれた時期でもある。既に言及したとおり、プリンス2.0以降、1.0では見られなかった肉体の逞しさがプリンスに求められ始めたのだ。このような身体的な強さの付与は、男性による男らしさの自己証明の動きの一つと考えることができる。

一九七〇年代後半から生じた第三次産業革命や女性の社会進出は、「それまで『産業社会の中心的担い手』であった男性たちの立場を揺るがせ」、男性が文化的・社会的・経済的に不安定になるきっかけとなった(伊藤 2023, p. 68)。伊藤(2019)は、このような近代的な男性性の不安定化を「メンズクライシス」と呼び、その結果として、「多くの男性は、いまだに『男性性』の自己証明を、さまざまな場で求め続けている」(p. 13)と指摘している。このような社会的・経済的な男性性の危機を乗り越えるにあたり脚光を浴びたのが、筋肉質的な肉体の獲得だったのである。アスレチックな男性の身体は覇権的権力を維持するための手段となっていた(Oates & Durham 2004)。つまり、現実社会において、社会的な権力による男らしさが獲得しにくくなり、その対処として筋肉のついた大きな身体を男らしさと結びつけようとした男性たちの動きが、プリンスにも採用されてしまったのである。

もちろん、冒険家といったプリンスの設定の多様化にともない、彼らに逞しい肉体が必要不可欠だったという可能性も十分にあるであろう。しかしながら、広い肩幅とプリンセスの倍近い厚みの胸板から生み出された逆三角形型の上半身は、全体的に細身ですらっとした印象のプリンス1.0とは明らかに異なっており、ガタイのよさが強調されていることは明白である。そして、このような新たなプリンスの体格は、『モアナと伝説の海』（2016）に登場するマウイにまで引き継がれることとなる。

したがって、プリンス2.0では、さまざまな境遇のプリンスを生み出すことでプリンス1.0の特徴である覇権的な男性性の見直しがおこなわれたものの、現在にも受け継がれる肉体的な男らしさの提起が新たになされたといえるのである。

4　プリンス3.0　ダメ男の成長と異性愛中心主義

プリンス3.0は、『プリンセスと魔法のキス』（2009）のナヴィーンと、『塔の上のラプンツェル』（2010）のユージーンの二人である。本章では、プリンスの人間性に関する描写の分析などを通して、彼らは、弱さの開示を許された史上初めてのプリンスである一方で、恋愛という普遍的要素をより強化し、異性愛を前提とした男性像を提示してしまっているということを明らかにしていく。

4-1　人間味溢れるプリンス

プリンス3.0は、人間性の描写でそれまでと一線を画している。泥棒や王子といった設定は既に前例があるが、同様の社会的地位であっても物語の最初と最後で人柄ががらりと変化するプリンス像は彼らが初めてなのである。たとえば、ナヴィーンは最初、一国の王子という立場にもかかわらずそのお金遣いの荒さから親に勘当され、一文無しの状態でニューオーリンズへやってくる。事情を知らないニューオーリンズの女性たちには大いにもてはやされるが、世間知らずで見栄っ張りなところがあり、執事からは呆れられ裏切られるほど人望のない人物だ。誠実さやリーダーシップを兼ね備え周囲に慕われる従来のプリンス像とは大きく異なり、物語の序盤において、プリンス3.0に共通するのは利己的や不真面目さ、一人ぼっちという新しい特徴の数々であり、プリンセスのパートナーとしてあまり相応しくないような人間性の男性を、ヴィランではなくプリンスに置いたのは、この二作品の画期的な点なのである。

そのような二人も物語の終盤では女性のために困難に立ち向かい優しさを発揮するなどの成長をみせる。中盤以降の彼らは、お金のためにプリンセスを手助けするのではなく、共に旅をすることで自然と彼女の夢を叶えるために力を尽くしたいという思いを抱き、誠実さや真面目さを獲得していくのである。つまり、本二作品はプリンセスが幸せを掴む物語であるだけでなく、プリンスが人として成長する物語でもあるのだ。これは、「キャラクター・アーク（character arc）」と呼ばれるもので、欠点を持った登場人物が成長し、変化することで、物語がよりドラマチックになり観客の興味を引くだけでなく彼らに感情移入しやすくすることができる効果を持つ[14]。主人公ではないプリンスにキャラクター・アークを取り入れたことは、本二作品の大きな特徴といえよう。

また、この二人のプリンスは、これまでのような恐怖心を一切見せないプリンスたちとは異なり、未知のものに対して恐れたり驚いたりする様子を見せており、感情表現が豊かである。そのため、弱さを一切見せない従来の男性像とは異なった男性の姿が描かれていると読み解くことができる。比較すると、アラジンはジーニーを初めて見てもそれほど驚かないどころか、むしろ巧みに操って地上への脱出を図るくらいの余裕を見せていたが、その一方で、ユージーンは魔法の髪の力に酷く動揺して素直に怖がる様子を見せる。伊藤（2008）によれば、男性は小さい頃から「自分の弱みをさらさない」、「感情を抑制する」というトレーニングを受け、そのような男性性の規範によって自分自身を追い詰めてしまうことがあるのだが、未知の存在を恐れたり敵からすばしっこく逃げたりする彼らの姿は、そのような従来の男性像に抗うものであるといえるだろう。つまり、弱さを否定し強さだけを求めてきた窮屈な男性性を、第三期で初めてプリンスは手放したのである。

これらの変化には、フェミニズム運動で扱う対象が女性から多様なセクシュアリティを持つ人々へと拡大されたことが少なからず影響しているだろう。荒木（2019）は二〇一〇年代に生じたフェミニズムの新たな潮流を「第四波フェミニズム」と呼び、これを「人種や民族や国籍の壁を越えた女性たちの政治的連帯よりも、さらに広い分野でのマイノリティ／社会的弱者間（ときとしてマジョリティ／社会的強者までも含む）の連帯を目的とした動き」（p. 47）と説明している。現実の社会において、女らしさだけでなく男らしさに関しても見直しがされるようになったのである。つまり、現実社会において強く逞しく気高い男性像は絶対的なものではなくなったため、プリンスもまた3.0で初めて精神的な強さというプレッシャーから解放されたのだ。本二作品のプリンスは、内面性や人間性をより細やかに描き出すことによってより人々から共感や注目を集めやすくなり、主人公のプリンセスと同じくらい魅力的で重要なキャラクターとして再構築されているのである。

4-2 異性愛の掟

前記のような変化の一方で、プリンス1.0から約七〇年間にわたり唯一引き継がれているのが、「プリンスはプリンセスと恋に落ち結ばれ幸せになる」という、異性愛中心主義である。プリンス3.0では、ティアナがナヴィーンに一切興味を示さないなど、2.0まで鉄板であった一目惚れの描写自体は完全に棄却されているため、一見、以前の恋愛観を見直したように思えるかもしれない。しかしながら、実際には出会って約二日という短期間で相手を恋愛的に意識し始めたり、最終的に結婚に帰結してしまったりするなど、「運命の女性と結ばれる＝幸せ」というメッセージがしっかり維持されていることがわかる。そのような、結婚をゴールにする物語の問題性についてはプリンセス研究で既に何度も指摘されてきたことだが[15]、それは男性にも一部適応できる。男性もまた「異性との恋愛や結婚」によって身を固めなくてはならないという価値観や、それによってはじめて一人前の男として認められるという、社会的に構築された暗黙の了解がディズニープリンスによって再生産されてしまっているのである。

また、男性に限った事例として、婚約という人生の局面でいまだに「プロポーズは男性からするべき」という固定観念が採用されてしまっている点が指摘できる。プリンス3.0は、このプロポーズというイベントを男の役目に据え置こうとする動きが強い。実際、『塔の上のラプンツェル』（2010）では最後に「プロポーズしたのは俺だよ」という台詞をユージーンに言わせて締めくくっており、あくまでも結婚はプリンスから申し出たという事実を重要視しているのがわかる。プリンセス作品は、男女の恋愛関係におけるリーダーシップや主体性を男性側に強く求めているのである。

したがって、「男性は女性を愛し、女性からも愛を受け結ばれることで幸せになれる」という長年の法則や、男女間の恋愛における男性の役割はプリンス3.0まで変化していないといえる。それどころかむしろ、醜い蛙の姿や命に係わる大怪我から救われるためには女性との真実の愛の力が必須である、というプロットによって、異性愛を正常とみなすセクシュアリ規範をより強固に維持しており、これは、恋愛や結婚を選択の自由と捉えたり、同性愛者の権利運動に伴う多様な結婚のあり方を模索したりしていた当時の潮流とは逆行していると読み取れるだろう。

5　プリンス4.0とディズニープリンスのこれから

最新のプリンスとも呼べるプリンス4.0には、彼らがプリンセスにとっての恋愛対象ではなくなり、代わりに友人や仲間といった存在へ変化を遂げたという特徴がある。本節では、該当作品として『モアナと伝説の海』（2016）並びに実写版の『ムーラン』（2020）を取り上げ、さらに、もっとも直近に公開されたプリンセス作品の『ラーヤと竜の王国』（2021）について分析することで、もはやプリンスそのものが次第に消えつつある状況について言及していく。

5-1　プリンス4.0に向けて

プリンス4.0の分析の前に、その土台を築いた作品として、『メリダとおそろしの森』（2012）並びに『アナと雪の女王』（2013）について触れておきたい。のちに指摘するように、近年の作品においては、プリンスは恋愛や結婚の相手ではなく一時的な冒険の仲間という位置づけになっていたり、もはやプリンスそのものが必ずしも必要なキャラクターではなくなっていたりするが、本二作品において、そうした兆候が見られるのである。

たとえば、メルダには三人の婚約者候補が現れるが、彼らは物語内で一切重要な役割を担わない。彼らの存在意義は、結婚というキーワードを物語内で自然に登場させ、母親と娘の価値観の相違を観客にわかりやすく提示することに尽きている。『メリダとおそろしの森』には、プリンスは存在せず、登場する王子たちも、「女性の幸せ＝結婚」という従来の法則を撤廃するための演出のひとつにすぎないといえるのである。

また、『アナと雪の女王』のエルサにもプリンスは存在しない。彼女の場合は婚約者自体もおらず、完全に恋愛や結婚とは切り離され、代わりに個性の理解やアイデンティティの確立といった別の要素によって幸せというものが確保されている。加えて、アナのプリンスであるクリストフに関しては、まさにプリンス3.0と4.0の狭間にいるキャラクターだといえる。彼は、プリンセスと共に冒険をする仲間というポジションのはずが次第にプリンセスに恋愛感情を抱く、という点でプリンス3.0と共通する。しかしながら、最終的にアナを救う真実の愛がエルサとの「姉妹愛」だったため、彼の愛情が物語内ではさほど影響を及ぼさないという点では、異性愛を絶対解にしないプリンス4.0の予兆を感じさせるキャラクターでもある。

したがって、プリンスは、本二作品の段階で、プリンセスの結婚相手としての役割や、女性を導く役割を失いつつあり、その意味でこれらはプリンス4.0の前衛的な作品とみなすことができるであろう。

5-2　プリンス4.0　最後のプリンス観

この流れを受け、プリンス4.0はプリンセスにとって「運命の相手」ではなく「冒険の仲間」へと完全に役割を変容させている。そして、彼らは現段階で最後のディズニープリンスとなっている。

5-2-1　運命の人から仲間へ

本項では、プリンス4.0の最大の特徴である、プリンスがプリンセスの生涯のパートナーという役割を失った点について具体的に説明していきたい。まず一作品目の『モアナと伝説の海』において、プリンスにあたる男性キャラクターはマウイという半神半人である。プリンス3.0までと同様、マウイはプリンセスと共に冒険をし、助け合い、最後には大きな困難を乗り越えるのだが、その後の結末において、彼は、史上初めての「プリンセスと恋に落ちないプリンス」

となっている。これまでの法則に則れば、冒険を通じて苦楽を共にしたプリンセスとプリンスは、必ず互いに魅了され、恋をするのであるが、マウイとモアナは冒険が終わると別々の帰路につく。

また、実写版『ムーラン』（2020）においては、本作のプリンスにあたるホンフイが、アニメーション版のプリンスであるシャン隊長とは異なった結末を迎えている。アニメーション版では、シャン隊長が物語の最後にムーランの実家へ会いに来る場面が描かれており、「そして二人は結ばれ幸せに暮らしましたとさ」という定番を予感させる終わり方となっているが、これに対してホンフイは、皇帝からの贈り物を届けるために他の同僚と共にムーランの故郷を訪れており、その姿はあくまでもいち同僚にすぎない。ディズニー公式サイトにおけるホンフイの紹介文でも、「友情」や「ライバル同士」といった表記がわざわざなされているように、実写版『ムーラン』ではプリンセスとプリンスが恋愛的に結ばれる描写を意図的に排除したことがうかがえる。

つまり、プリンス4.0はもはやプリンセスをリードし幸せにする責務を負わされた生涯のパートナーではなく、利害関係が一致し共通の敵を目の前に一時的に協力し合う冒険の仲間としてのみ機能しているといえるのである。

5-2-2 プリンス4.0の男性性

このような役割の変化は、プリンスが表象する男性像をどのように変化させただろうか。まず確かなことは、プリンセスの幸せに恋愛や結婚を結び付けることをやめた影響で、プリンスもまた、女性との恋愛、結婚という呪縛から解放されたということである。恋人を作ったり家庭を持って一人前とみなしたりする風潮が、男らしさを確立するための必須事項ではなくなったのだ。これは、実際に男性たちが恋愛や結婚を絶対視しなくなった現実社会の流れに合っているといえよう。プリンス4.0は、恋愛や結婚といった通過儀礼を経ずとも魅力的な男性像を、新たに提示しているのである。

それでは、恋愛や結婚の代わりに男性に求められている男らしさの要件とは何であろうか。プリンス4.0が提示する答えは、「成果」と「強さ」である。『モアナと伝説の海』（2016）と実写版『ムーラン』は、物語の最終目標が自由や幸せの獲得ではないという点で共通している。本二作品の根底にあるのは世界規模の危機や脅威であり、プリンセスはもちろん、助力するプリンスにも、世界を救うという大きな成果をあげることが求められている。実際、ホンフイがムーランを信じ共に戦った結果皇帝を救えた、というプロットは、「プリンセスを幸せにする」というそれまでのプリンスの結末とは大きく異なっている。プリンスは、一人の女性を幸せにするという成果の代わりに、より一般的に評価しやすい形で大きな結果を残すことが必要となったのである。

そのためには、精神的にも肉体的にもかなりの強さが求められる。たとえば、マウイは、敵であるテ・カァとの戦いで一度敗れて弱気になり、モアナを見捨てて逃亡するが、最終決戦では心を入れ替え再びテ・カァとの戦いに挑む。その際、彼は強い覚悟と勇気を持ち、自分の命を張ってテ・カァの注意を惹きつけようとするのだが、この描写から、マウイにはプリンス3.0よりも一段階上の成長が求められていると読み解くことができる。自ら率先して世界の危機を救おうとするプリンセスのように、プリンス4.0では、利他的な優しさはもちろん、そのうえでさらに強い心と覚悟を持つという成長が求められているのだ。もちろん、感情的な姿や弱みを見せることはプリンス3.0と同様許されているが、精神的な不安定さや弱々しい側面はマウイのように最終的に払しょくされなければならないのである。

また、知恵や頭脳を使って戦いに挑むプリンセスとは異なり、女性である彼女たちが持ちえない男性特有の物理的な強さを活かしながら敵と戦うプリンス4.0の姿は、男性に精神面だけでなく肉体的、技術的な強さも求めていることを意味する。プリンス3.0で解放されたように見えた「強さ＝男らしさ」の指標は、プリンスが恋愛要素を捨てたことで再度取り込まれ、女性との差別化を図るうえでやはり欠かせないものとして位置づけられてしまったのである。

5-3 プリンス不在の新たなプリンセス作品

プリンス4.0を最後のディズニープリンスであるとする理由は、『ラーヤと竜の王国』（2021）において、プリンスと定義できるキャラクターが登場しなかったためである。そして、本作において、プリンスの役割は別のキャラクターに代替されており、プリンスそのものの存在意義が希薄になっている可能性が指摘できる。

この最新のプリンセス作品は、これまでのように「愛」によって世界を救うのではなく、互いを「信じる心」が人類滅亡を防ぐカギとなっている。そのため、プリンセスであるラーヤに必要なのは、愛を育んだり敵に力で対抗したりするためのプリンスという助っ人ではなく、より複数の、世界を救いたいという同じ目的を共有した生まれも年齢もバラバラな仲間たちであり、その内訳は実に多種多様だ。言い換えると、本作品はプリンスがこれまで担ってきた「冒険の仲間」という役割が他のキャラクターに移行されており、それゆえに、史上初のプリンス完全不在のプリンセス物語となっているのである。

また、牟田（2019）は『アナと雪の女王』（2013）以降のプリンセスの変化について、「救出と保護を待つのではなく、異性愛をプロットの中心に据えることなしに、自らの意思で行動し、自らが救済者、保護者になる少女が描かれるようになった」と評価したうえで、「「プリンセス」は男性の力を借りずとも「プリンセス」でいられるようになっている」（p. 91）と述べている。つまり、プリンスという存在は、ヒロインをプリンセスたらしめるうえでもはや必須なキャラクターではなくなっており、その意味からも、本作品はプリンスを必要としないプリンセス作品になっているといえるのである。

したがって、現在のディズニープリンスの立ち位置は、「女性を幸せにしてくれる最高の結婚相手」や「苦楽を共にした生涯のパートナー」ではなく、「世界を襲う大きな脅威に対して一時的に協力し合う旅の仲間」へと大きく転換しつつあり、さらには、もはやその役割でさえ他のキャラクターで肩代わりでき始めているため、ディズニープリンス自体、その存在意義を失いつつあるのだ。

6　おわりに

本稿では、ディズニーのプリンセス作品におけるプリンスについて、時代ごとの特徴と彼らが表象する男性像を中心に分析してきた。プリンス1.0からプリンス4.0をまとめると表4のようになる。

分類	作品名	公開年	プリンス	重要な特徴
プリンス 1.0	『白雪姫』	1937	名前なし	・名前がない ・白人 ・王子
	『シンデレラ』	1950	名前なし （プリンス・チャーミング）	
	「眠れる森の美女」	1959	フィリップ	
プリンス 2.0	『リトル・マーメイド』	1989	エリック	・非白人が半数以上 ・王子以外が半数以上 ・人望がある ・筋肉質な肉体
	『美女と野獣』	1991	名前不明（野獣）	
	『アラジン』	1992	アラジン	
	『ポカホンタス』	1995	ジョン・スミス	
	『ムーラン』	1998	シャン隊長	
プリンス 3.0	『プリンセスと魔法のキス』	2009	ナヴィーン	・豊かな感情表現 ・結婚に帰結
	『塔の上のラプンツェル』	2010	フリン・ライダー	
プリンス 4.0	『モアナと伝説の海』	2016	マウイ	・恋愛や結婚はしない ・プリンセスの冒険仲間 ・精神的／肉体的な強さ
	『ムーラン』（実写版）	2020	ホンフイ	

【表 4】プリンセス 0.1 から 0.4 の一覧表

まず第二節では、当時の女性にとっての理想の結婚相手とは、財力と権力を持った男性であり、プリンス1.0はそれらを象徴する記号としてのみ機能し、覇権的な男性性が前提にあったことを説明した。次に第三節では、時代の潮流に沿ってキャラクター設定が多様化したプリンス2.0において、権力や財力よりも、聖人君子のような人柄と肉体的な強さを兼ね備えた新たな男らしさが提示され始めたことを明らかにした。その後、プリンス3.0で初めて男性にも弱さや豊かな感情表現、成長を促す変化が取り入れられたものの、一方で異性愛中心主義が強く維持されてしまっていることを指摘した。そして第五節では、プリンス4.0がプリンセスをサポートする旅の仲間という役割にとどまり、異性愛の法則からは逃れたものの、その分一定の活躍や強さというものが男性に求められてしまっていることを示し、さらに、最新の作品から、もはやプリンス自体の存在が不要になりつつある現状を明らかにした。

これらのことから、筆者は、ディズニープリンスが長期間にわたり、強さと男らしさを結び付けた男性像や、異性からの愛を勝ち取ることこそが男の幸せだというメッセージを人々に植えつけてしまっていたと考える。キャラクターの役割変化から、一見、プリンスの表象する男性像は現実社会の潮流に則って度々自己批評されていたように感じられるかもしれない。しかしながら、異性愛前提のプロットや「誠実で優しい心を持ち、いざというときには女性が持ちえない力技で女性を助ける」というプリンス像は、何度も繰り返し再生産されており、作品毎に進化を遂げてきたプリンセスと比較すると、明らかに変化が少ない。彼らが提示し続けてきた一定の男らしさや性役割は、男性自身はもちろん、プリンセス作品の主要な消費者である女性たちに対しても広く刷り込まれ、かつて女性がそうされていたように、男性たちを知らず知らずのうちに固定観念的な男性像に縛り付けてしまっているのではないだろうか。

伊藤（2023）は、自他を害する過剰な男らしさへの執着を有害な男らしさであると指摘している。[16] 本稿では、ディズニープリンスの提示する男らしさがどれほど強く人々に浸透しているのかまでは分析できなかったが、ディズニープリンセス作品の影響力の大きさを考慮すると、プリンスの提示する男らしさが男性にとって有害な男らしさへと豹変してしまう可能性は十分に考えられる。ディズニーのプリンセス作品に関して、プリンセス研究のように、プリンスが孕む危険性についても、今後さらに研究がなされるべきであろう。

【註】

（1）荒木（2019）は第四波フェミニズムを「時には特権化されるマジョリティまでもが連帯し、それぞれの分野を越えて、性差別を含む全ての差別と搾取を生み出す社会の構造を変革しようとする動き」（p. 47）であると指摘している。

（2）荻上は（2014）「プリンセスは美しく、従順で、働き者」（p. 114）というコードを明らかにしている。

（3）荻上は、ディズニープリンセス作品独自の「作品に隠された幸せになるための「法則」」、すなわち「ディズニーコード」について、年代ごとに1.0、2.0、3.0と3つに区分し、各コードを持つプリンセスをそれぞれプリンセス1.0、2.0、3.0と呼びながらプリンセスの分析をおこなっている。

（4）『シンデレラ』（2015）、『美女と野獣』（2017）、『アラジン』（2019）、『ムーラン』（2020）、『リトル・マーメイド』（2023）の五作品

（5）ディズニー公式サイトにてプリンセス一覧に名前が載っている場合だけでなく、『シュガーラッシュオンライン』（2018）にてプリ

ンセスの部屋に登場していたキャラクターも含む。

（6）『アラジン』（1992）のジャスミン以降、ポカホンタスやムーラン、ティアナなどのエスニック・マイノリティのプリンセスが立て続けに生み出された。

（7）李・高橋（2011）は、「女性の人生最大の幸せは王子（＝理想の男性）の現れによる結婚」という安易な生き方の提示が続いていることを、問題であると指摘している（p. 87）。

（8）ディズニーキッズ公式ホームページ「キャラクター」出典：https://kids.disney.co.jp/character

（9）一九二九年から一九三〇年代にかけて起こった。

（10）一九三九年から一九四五年に起こった。

（11）白雪姫に関しては、キネマ旬報 web において四年の歳月がかけられていると記載されており、シンデレラに関しては江良（2017）が「六年の歳月をかけている」（p. 186）と述べている。

（12）荻上（2014）は、「美しく心が清いプリンセスが願い続ければ、いつかは必ず報われる」（p. 31）というお約束が繰り返されてきたと指摘している。

（13）悪役のこと。

（14）Caldwell は「Without this character arc… there is no dramatic story.」とキャラクターアークの必要性に触れながら、「It is the change, this character arc, that grabs a viewer’s interest.」（2016, p. 5）と述べている。

（15）たとえば島田（2022）は、「結婚と彼ら彼女たちの幸福とをイコールで結ぶかのような描写は、ディズニー・プリンセスたちを通して追及される女性の幸福についての捉え方を偏らせてしまう危険性を孕んでいる」（p. 97）と指摘している。

（16）日経クロスウーマン「メンズクライシス　ジェンダー平等で揺らぐ男性のあり方『男らしさ』への過剰なこだわりが自分にも周囲にも害になる」出典：https://woman.nikkei.com/atcl/column/23/122300244/031000004/

【参考文献】

Caldwell, Craig. (2016). “Story: it's not just for writers... anymore,” *SIGGRAPH* Courses, 23, pp. 1-10.

Oates, Thomas P. & Durham, Meenakshi G. (2004). “The mismeasure of masculinity: the male body, ‘race’ and power in the enumerative discourses of the NFL Draft” *Patterns of Prejudice 38*, pp. 301-320.

Wiersma, Beth A. (2001). “The gendered world of Disney: A content analysis of gender themes in full-length animated Disney feature Films,” *Dissertation Abstracts International* 61, p. 4973.
荒木生（2019).「フェミニズムの新しい潮流――『第４波フェミニズム』」『常民文化』42, 43-55 ページ.
荒木純子（2011).「夢と奇跡と自立――ディズニープリンセスの歌にみるジェンダー――」『青山學院女子短期大學紀要』65, 1-15 ページ.
伊藤公雄（2008).『ジェンダーの社会学』日本放送出版協会.
伊藤公雄（2019).「変容する現代スポーツと男性性」『スポーツ社会学研究』27, 5-15 ページ.
伊藤公雄（2023).「剝奪感の男性化（Masculinization of Deprivation）をめぐって――男性主導の近代社会の転換点を前に」『社会学評論』74, 2-16 ページ.
上瀬由美子・佐々木優子（2016).「ディズニープリンセス映画にみるジェンダー表現の変容――プリンセスの作動性に注目した量的分析――」『立正大学心理学研究年報』7, 13-23 ページ.
江良智美（2017).「日本におけるディズニー・アニメーションの影響力――『シンデレラ姫』（1952）日本初公開時における服飾流行と女性への影響」『経営学紀要』24, 185-209 ページ.
荻上チキ（2014).『ディズニープリンセスと幸せの法則』星海社.
「白雪姫（1937)」(2024 年 1 月 5 日）キネマ旬報 WEB https://www.kinejun.com/cinema/view/4155)
島田英子（2022).「ディズニーのフェミニズム――プリンセスの女性学と男性学」『立命館映像学』15: 93-107 ページ.
ディズニー公式サイト https://www.disney.co.jp/fc/princess)
牟田有紀子（2019).「変容するプリンセス――『小公女』と子ども向け映画作品による少女像の構築について」『城西大学語学教育センター研究年報』11, 77-94 ページ.
李修京・高橋理美（2011).「ディズニー映画のプリンセス物語に関する考察」『東京学芸大学紀要』62, 87-122 ページ.

＊石橋恵「ディズニープリンスの男性像の考察」『情コミ・ジャーナル　第17号』（二〇二四年三月発行）明治大学情報コミュニケーション学部、五一一九ページに掲載された論文を修正。

索引

人名

◉ア行

◉カ行

◉サ行

◉タ行

◉ハ行

◉マ行

◉ヤ行

◉ラ行

映画作品

◉ア行

◉カ行

◉サ行

●タ行

◉ナ行

◉ハ行

◉マ行

◉ヤ行

◉ラ行

◉ワ行

【著者】

鈴木 健

（すずき　たけし）

南カリフォルニア大学フルブライト客員教授およびケンブリッジ大学映画映像研究所客員研究員を経て、現在、明治大学情報コミュニケーション学部教授。ノースウエスタン大学よりコミュニケーション学博士（PhD）／映画批評およびメディア研究。主な編著書に、（編）*Political Communication in Japan: Democratic Affairs and the Abe Yeras* (Cambridge Scholars Publishing, 2018 年、（共著）*Learning to Debate: An Introduction to Analysis and Advocac*y (Routledge, in print)。翻訳書に、（共訳）『ポップ・カルチャー批評の理論――現代思想とポップ・カルチャー』（小鳥遊書房 , 2023 年）。財部剣人のペンネームで『マーメイドクロニクルズ 第二部　吸血鬼ドラキュラの娘が四人の魔女たちと戦う刻』（朝日出版社 , 2021 年）。

現代《げんだい》思想《しそう》を使《つか》って映画《えいが》批評《ひひょう》！

ハリウッドとケンブリッジで学《まな》んだ、映画《えいが》のすばらしさを知《し》る方法《ほうほう》

2025年1月30日　第1刷発行

【著者】
鈴木 健

発行者：高梨 治
発行所：株式会社**小鳥遊《たかなし》書房**
〒102-0071　東京都千代田区富士見1-7-6-5F
電話 03-6265-4910（代表）／FAX 03-6265-4902
https://www.tkns-shobou.co.jp
info@tkns-shobou.co.jp

装幀　宮原雄太（ミヤハラデザイン）
印刷　モリモト印刷株式会社
製本　株式会社村上製本所

ISBN978-4-86780-065-2　C0074